# 事業創造

## 理論と実践

島田直樹
株式会社ピー・アンド・イー・ディレクションズ
代表取締役

*Naoki Shimada*

*New Business Creation*

*Start-Ups and Corporate Innovation*

WAVE出版

# まえがき

ある日、大手化学メーカーの社長から相談があると言われて訪問した。社長は会議の席でこう切り出した。

「当社でいくつか新しい事業を行ってきているが、一向に芽が出ないし拡大していかない。どうしたらいいだろうか。やめたほうがいいものがあれば判断してもらいたいし、可能性のある事業ネタであればどのように成長させていくのか、その戦略を考えてほしい」。

また別の日には、「会社を辞めて独立して新しい事業を興そうと思っている。ついては助言をお願いしたい」という相談を大手サービス業に従事する社員から打診された。

「事業創造」とは、言葉が意味する通り、初めて〝事を創る〟ことである。もちろんうまく事が運ぶかどうかはわからない。企業の永続的な成長のためには、既存事業の〝自己革新〟と新規の〝事業創造〟の2つしか処方箋はない。その事業創造には、事業を会社ごとゼロからつくる「起業」と、既存企業で事業を立ち上げる「新規事業」の2つがある。

起業するといっても、初めて起業する人にとっては疑問だらけだろう。世の中にないような事業のアイデアを思いつくにはどうしたらいいのか。アイデアを事業レベルにまで高めるにはどうしたらいいのか。事業を立ち上げるにはお金が必要であるが、誰が資金を提供してくれるのか、どのように調達したらいいのか。

会社から新規事業を立ち上げることを命じられた人たちの多くは、事業を立ち上げた経験がなく、思い悩む。また会社として新規事業を推進しているが数年経過してもうまく立ち上がらない、もうやめたほうがいいのだろうか、どうすればいいのかという問題意識を持っている新規事業開発の責任者や会社の経営者も多くいる。

事業の芽はどこにあり、どのように生まれ、よちよち歩きを経て、独り立ちし、成長していくのか。事業創造の各過程では何が必要とされ、何が成否の明暗を分けるのか。さらに恒常的に事業創造を行うにはどうしたらいいのか。悩みは尽きない。

本書は、大企業からベンチャーに至るまで、現場の第一線で「事業創造」を約20年間にわたり数多く支援してきた経営コンサルティング・事業支援会社、株式会社ピー・アンド・イー・ディレクションズの創業者である島田直樹が中心となり、会社のナレッジを整理・体系化したものである。研究成果や学問としてまとめたというよりも、起業や新規事業立ち上げに関わるすべての人に向けた実用書として、できるだけ事業例を織り交ぜつつ経験談をまとめたものである。株式会社ピー・アンド・イー・ディレクションズと仕事を通じて関わってくださった多くの企業・事業経営者・起業家の方々に感謝したい。皆さまの存在なしには本書は完成しなかった。日本企業の益々の発展を祈念しつつ、本書を記す。

# 目次

## 第3章 新規事業――事業発掘

# chapter 1

# 事業創造とは

# 1　企業成長と事業創造

企業の成長を長期にわたって持続させる方法は2つしかない。1つの方法は既存事業のたゆまぬ"革新"。そしてもう1つは新しい事業を創造することにある。企業は、前日と同じことを毎日繰り返しているだけでは成長が止まり、いずれは成熟し、衰退への道を辿る可能性が高い。これは企業以上に取り巻く環境要因の変化が激しく、その変化に適応する、ないしは変化を先取りして企業が変わらなければ現時点の製品やサービスに対する需要が低減し、事業および企業としての存続が危ぶまれてくるからである。つまり長期的な企業成長の実現には、自己革新を実現し続けることが必要である。また、消費者の嗜好の変化、技術的な変化などの要因がある以上、製品やサービスには「寿命」がつきものである。この製品・サービスの寿命を超えて企業が成長し続けるためには新しい事業を創り出していかなければならない。つまり事業創造が必須なのである。

例えばアメリカのS&P500企業[1)]においては、長期的に企業の平均寿命は短縮傾向にあり、1965年には33年であったのが、1990年には20年まで減少し、2026年までに14年になると予測されている。企業が永続的に成長することは容易なことではなく、むしろ困難になっている。

我々がコンサルティングを行っていると、成長が鈍化している企業にはよくみられる共通の課題がある。それは、概ね以下の4つに集約される。

## S&P500企業の平均寿命推移*

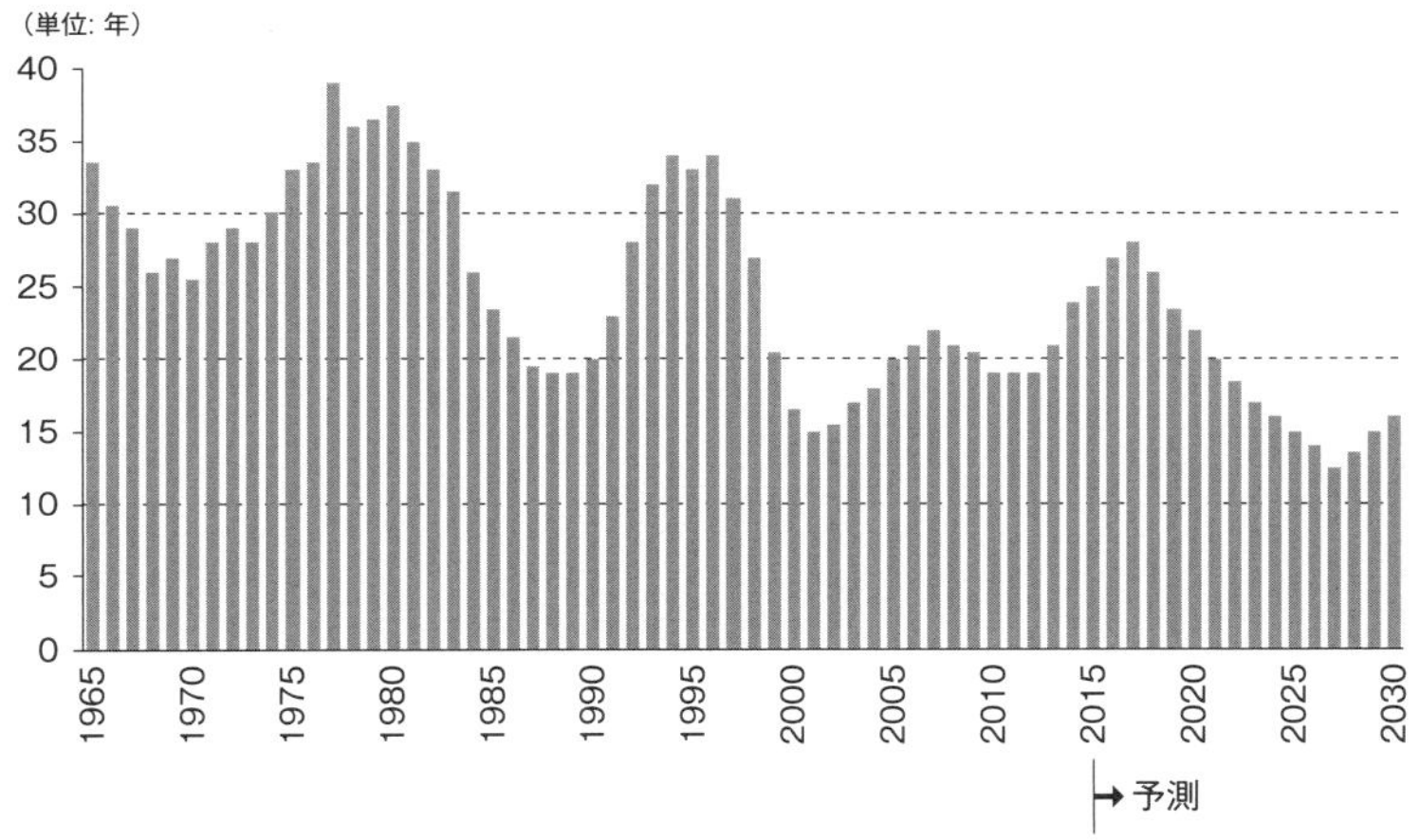


注：7年ローリング平均
出所："Corporate Longevity: Turbulence Ahead for Large Organizations", Innosight 2016

(1) 闇夜に鉄砲を撃っている
(2) 時代に適応できていない
(3) 顧客にとってわかりにくい事業になっている
(4) 各所で水漏れが起きている

「闇夜の鉄砲撃ち」は、真っ暗な夜に明確な目標もなく鉄砲を撃っても何かに当たるだろうという意味である。企業経営のシーンでいえば、最終顧客がどのようなニーズを持っているのかを把握せず、商品力やブランド力に任せた販売をするだけで事業を推進する状況を指す。例えば優れた技術やノウハウを保有している企業が、深い戦略的な動きなく、さまざまな製品を上市し、消費者ニーズを満たせず、失敗するというケースがあげ

### 成長が鈍化している会社によくある課題

| よくある課題 | 具体的な例 |
| --- | --- |
| 闇夜に鉄砲を撃っている | ■闇夜：顧客のニーズを把握できていない<br>最終顧客の顔が見えていない<br>■鉄砲：商品力、ブランド力にまかせた販売 |
| 時代適応ができていない | ■昔の業務のやり方を続けている<br>■競合相手の変化に気づいていない<br>■消費者のニーズが変化している<br>■販売チャネルが変化している<br>■従業員の価値観が変化してきている |
| 顧客にとって分かりにくい | ■追加、変更を繰り返し、整合性がとれなくなった商品ラインナップ<br>■価格に見合った価値が体感できなくなったサービス内容<br>■ユーザーの課題解決に結びつかない供給者目線の広告訴求 |
| 各所での水漏れ | ■社内（部署間）のギャップ<br>■経営陣と現場のギャップ<br>■戦略と実行のギャップ |

られる。他にも、潤沢な資金に任せて計画性のない買収を敢行し、結果的に買収した企業を手放すという現象も見られる。

次に、「時代に適応できていなければ」成長は鈍化する。国内市場が縮小しているにもかかわらず、既存市場にしがみつき、成長市場に進出することなく事業成長が低下している企業。ＩＴおよびデジタルの時代に突入したにもかかわらず昔のやり方にこだわって時代に取り残され倒産した企業。その他、新興企業の参入による企業間競争の激化、顧客ニーズの変化、価値観の変化など、企業や事業を取り巻く環境は時代とともに常に変化しているにもかかわらず、それに適応できずに消えてゆく企業もある。時代に適応するとは、簡単なようで自己革新の意思をともなうので後手にまわる企業も少なくない。
（3）の「顧客にとって事業がわかりにくい」状況は顧客離れを引き起こす。例えば、野菜ジュースのメーカーがコーヒー、紅茶、果汁系ジュースなど多様な領域に進出することによって商品ラインナップは広がったが、ブランドイメージと整合性が取れなくなってしまう例などがある。投資ファンドＭＢＫパートナーズの資金・経営指導のもと、田島社長・小川副社長が再建した田崎真珠（現ＴＡＳＡＫＩ）も、以前の経営体制では、「ダイヤモンドなら田崎真珠」と書かれた社用バスで得意先の送迎をしていた。このように、顧客の視点から見て、提供する価値が見えにくくなってしまうと、企業の成長はおぼつかなくなる。

最後に「各所で水漏れが起きている」という組織内部の課題も成長を鈍化させる。会社の各機能間の連携、例えば研究開発と生産部門、生産部門とマーケティング部門との間が上手に連携できていなければ製品・サービスを適切かつタイムリーに供給、提供することは難しい。経営陣と現場との間で意識のギャップが存在していたり、策定した戦略とその実行プランとの間にかい離があると結果につながらない。このような組織内での「ギャップ＝水漏れ」は成長が鈍化している企業によくみられる。

企業はこれらの課題を解決しなければ成長は困難である。裏返すと、長期的に企業が成長するためには、まずは先述した課題をきちんと解決することが重要である。闇夜の鉄砲撃ちをするのではなく顧客のニーズをよく把握すること、時代に乗り遅れているのであれば、その時々の時代を踏まえた取り組みを行うこと、顧客にわかりにくい事業になっているのであれば、適切に顧客をセグメンテーションしたうえでそれぞれのセグメンテーションに見合った打ち手を講じること、そして組織内部に水漏れを起こしているのであれば、コミュニケーションや連携の仕組みの構築、組織文化の改善・変革などに取り組まなければならない。このような「自己革新」が永続的な企業に必要な一面である。

## 2 イノベーションと事業創造

事業創造と近い概念で使われることの多いイノベーションという概念について、ここで整理しておく。イノベーション理論の始祖である元ハーバード大学経済学部教授のヨーゼフ・シュンペーター氏によると、〝イノベーションとは「新結合（異なるものの結合）」である〟と定義している。また、彼はその著書『経済発展の理論』において〝企業の行う不断のイノベーションこそが経済を変動させる〟とも述べている。[2)] イノベーションにより投資意欲や消費需要が刺激されることによって経済の新たな好況的局面がつくり出されるのであり、イノベーションなくしては、企業はやがて停滞する。

また、ハーバード・ビジネス・スクール教授でイノベーション研究の第一人者のクレイトン・クリステンセン氏は、イノベーションを〝一見関係なさそうな事柄を結びつける思考である〟と定義

## イノベーションの定義

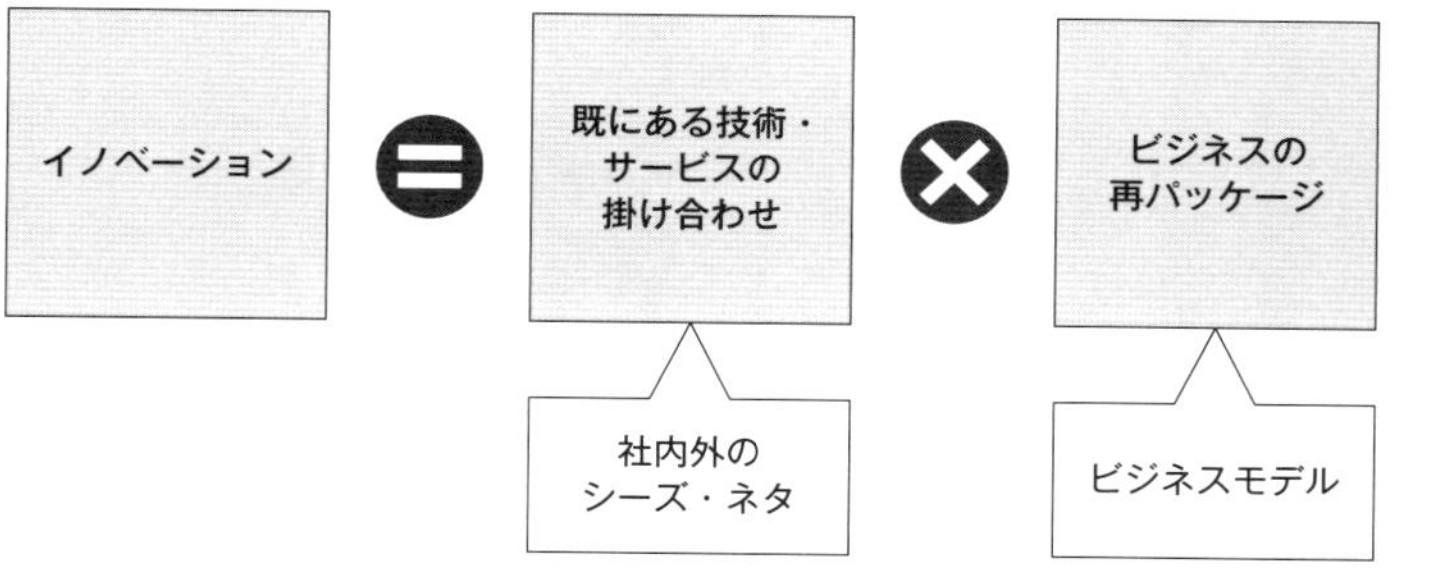


する。さらに、米国の経営手法に革命を起こした現代の古典とも言われる著書『イノベーションのジレンマ』（1997年）において、〝イノベーションには「破壊的イノベーション」と「持続的イノベーション」の2つが存在する〟と述べている。[3] ここでいう「持続的イノベーション」とは従来製品の改良を進め製品の性能を高めていくイノベーションのことである。一方の「破壊的イノベーション」とは従来製品の価値を破壊してまったく新しい価値を産みだすイノベーションのことである。後者のイノベーションは、短期的には従来製品の性能を引き下げる効果を持ち、従来とはまったく異なる価値を市場にもたらすという。筆者の解釈では、〝既にある技術・サービスの掛け合わせ〟×〝ビジネスの再パッケージ〟こそが〝イノベーション〟であると考える。つまり、イノベーションとは、社内外の〝シーズ・ネタ〟と〝ビジネスモデル〟の新規構築、あるいは再構築・組み換えによって生み出されるものなのである。

〝シーズ・ネタ〟と〝ビジネスモデル〟の掛け合わせで生

## 自動車配車サービス　ウーバーによるイノベーション

まれたイノベーションとしては、配車アプリのウーバー（Uber）が例として挙げられる。ウーバーの配車サービスは、車で移動したい人と空いた時間にお金を稼ぎたいドライバーを結びつけるマッチングプラットフォームサービスである。具体的には、スマートフォンのＧＰＳを用いた地図サービス（Google Maps）を通して、利用者とドライバーを結び付けている。決済は事前に登録したクレジットカードによる処理が可能で、利用時には現金のやり取りは一切発生しない。サービス利用後には利用者とドライバーが相互にフィードバック・レイティングを行うシステムが構築されており、サービス向上の仕組みづくりがなされている。

つまり、スマートフォン、ＧＰＳ、Google Maps、クレジットカード決済といったシーズ・ネタ（技術・サービス）と、タクシーというビジネスモデルを再構築することで生み出されたイノベーションがウーバーである。タクシーという既存サービスの価値を破壊し、まったく新しい価値を産みだす「破壊的イノベーション」の典型例と言える。こうしたＩＴテクノロジー分野における「破壊的イノベーション」は「デジタル・ディスラプション」と呼ばれる。

## ウーバーによるイノベーションの価値

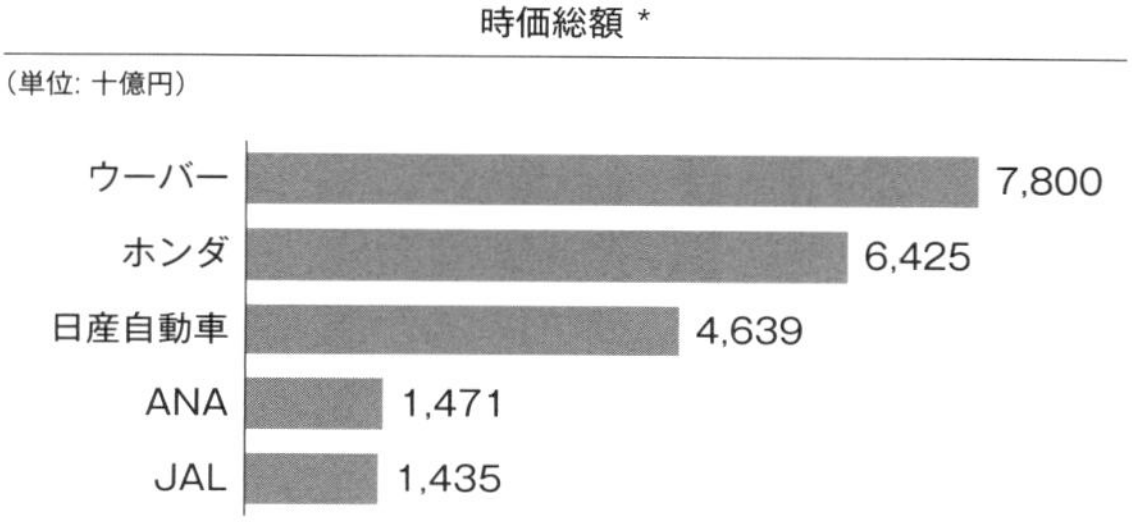


注：ウーバーについては2018年2月9日（1ドル108.4円換算）、ホンダ、日産自動車、ANA、JALについては
2018年5月9日時点

さらに、ウーバーは類似事業へ横展開することで事業拡大を図っている。相乗りサービスのuberPOOLやハイヤーサービスのUberBLACK、フード配達サービスのUberEatsなど、きめ細かいセグメントをつくりターゲティングすることで、的確に顧客を捉えている。

ちなみに、ウーバーを運営するウーバー・テクノロジーズの時価総額は２０１８年２月現在、約７・８兆円に上る。これは、日本が誇るグローバル自動車メーカーのホンダの６・４兆円や日産自動車の４・６兆円をも上回る。また、同じ旅客運送業である時価総額約１・５兆円のＡＮＡやＪＡＬと比較するとその価値は５～６倍におよぶ。前述のクリステンセンは「破壊的イノベーション」は既存の価値を破壊し、まったく新しい価値を生むと述べていたが、その価値の大きさは、時として既存のサービスを遥かに凌駕するものに成り得るのである。

ウーバーの例のように、これまで世の中にはない新たな事業を社会で展開することは疑いもなく事業創造と捉えることができる。しかし、社会という大きな単位で見ると既に存在するものであっても、企業という単位においてまったく新しい事業を展開することも、その企業においては事業を創造したことになる。前者はイノベーションをともなう事業創造であり、後者は必ずしもイノベーションがともなうわけではない事業創造である。本書では後者の視点での事業創造も含めて考えることにする。

## 3　2つの事業創造　新規事業と起業

事業創造は大きく2つに分けられる。ある企業の中で事業創造することは「新規事業開発」、企業という枠にとらわれずに事業創造することを「起業」という。

例えば、企業の研究開発部門で働いている人は、今働いている企業の中でさらに技術開発を進め、新たな事業の立ち上げまで推進する人もいるだろう。他方、働いている企業の経営方針によって開発した技術が陽の目を見る可能性が非常に低くなった場合、会社を退職し、自分で企業を設立して開発した技術を新しい事業に展開する人もいるだろう。

起業も新規事業も事業創造という観点では一括りにできるが、仮に事業のステージごとに見ると両者間には大きく異なる面が存在する。

起業する場合、必要となる「ヒト・モノ・カネ」の経営資源を自分で調達しなければならない。まだ名もなく売り上げもなく経営が安定していない企業が人材募集をかけたところで、誰も応募し

## 2つの事業創造

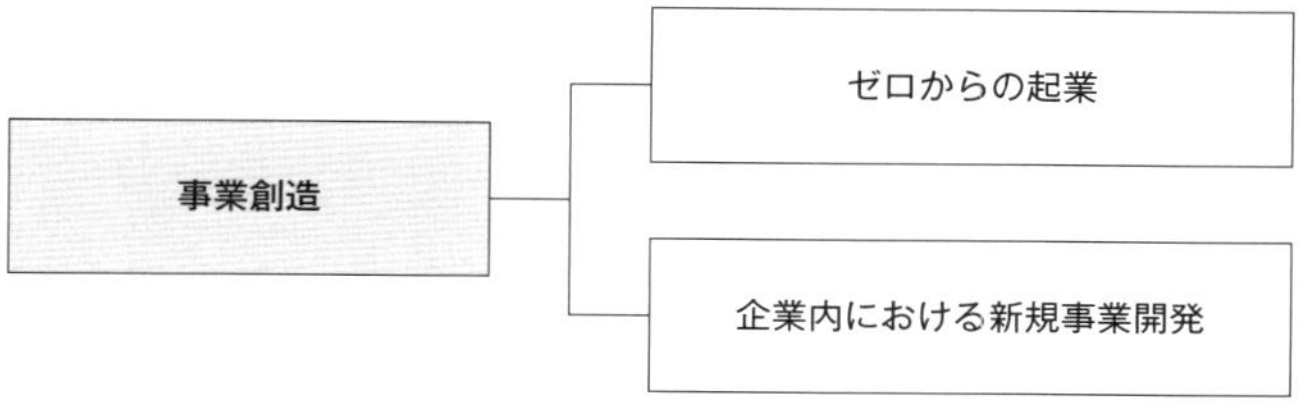


ないだろう。多くの場合、起業した人が友人・知人など自分の知り合いに声をかけて「ヒト」を調達するのが一般的なやり方となる。商売に必要な「カネ」や信用もない。起業する際には自分自身がそれまで貯めてきた資金を資本金として拠出するか、身内からかき集めて起業することが多いだろう。取引相手から現金での取引のみであると言われるなど、信用も自分で担保しなければならない。

それに対して、企業の中で新規事業を立ち上げる場合、新規事業に必要となる経営資源は企業が既に保有している。技術者、営業担当など事業を始めるにあたって必要となる「ヒト」は社内から調達できる可能性が高い。「モノ」も企業が行っている事業からまったく異なる事業を展開する場合を除き、保有する設備を活用できる場合が少なくない。「カネ」についても事業計画を所管部署に提出し企業が設定している基準を満たせば予算化されるのが一般的だ。新規事業担当者は外部の投資家や銀行を説得することなく、企業内部から調達することが可能である。仮に外部から資金を調達することになったとしても企業の信用力が裏書きするので、起業における資金調達と比較すると格段に容易である。

では、事業創造に失敗するとどうなるか。起業の場合、日本では失敗の烙印を押されてしまう。特に将来の夢や実現したい世界を語って外部から資金を集めた場合、失敗すると「詐欺師」呼ばわりされることさえある。信用がないので自宅など自分の資産を担保に拠出している場合も多く、一文無し、ひどい場合は借金を背負い、事業を手じまいする場合もある。

他方、新規事業の場合は起業ほどひどい状況に置かれることはない。新規事業に失敗しても元々の担当部署に戻り、通常の業務に従事できるだろう。失敗したという評価になる可能性もあるが、むしろチャレンジしたと社内でプラスに評価される可能性もある。失敗しても借金を背負うことはなく、給料は保証されるので食べていくことはできる。新規事業の失敗は、起業の場合と比較して恵まれた状況にある。

では事業創造に成功した場合はどうだろうか。起業では莫大な資産を形成する可能性がある。成功者としてもてはやされ、マスコミからも「時代の寵児」と持ち上げられることだろう。新規事業に成功した人は、社内では注目され、同期よりも早期に昇進する可能性はあるが、経済的にはその昇進にともなう報酬の増加に過ぎず、起業のような莫大な資産形成につながることはほとんどない。新規事業に成功した人として名前を挙げることが難しいことが物語るように、社会に名前を認知されることも少ないだろう。つまり、起業と新規事業をリスク・リターンで比較した場合、起業は非常にリスクが高いがリターンも大きいのに対して、新規事業はリスクが低くリターンもそれほど大きくはないと整理することができる。

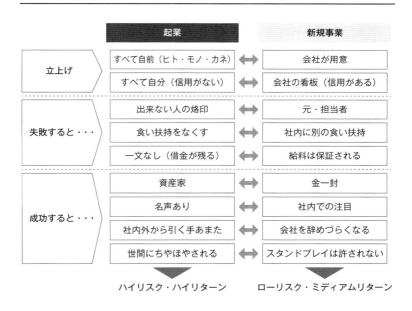

## 起業と新規事業開発の相違点

| | 起業 | | 新規事業 |
|---|---|---|---|
| 立上げ | すべて自前（ヒト・モノ・カネ） | ⟷ | 会社が用意 |
| | すべて自分（信用がない） | ⟷ | 会社の看板（信用がある） |
| 失敗すると・・・ | 出来ない人の烙印 | ⟷ | 元・担当者 |
| | 食い扶持をなくす | ⟷ | 社内に別の食い扶持 |
| | 一文なし（借金が残る） | ⟷ | 給料は保証される |
| 成功すると・・・ | 資産家 | ⟷ | 金一封 |
| | 名声あり | ⟷ | 社内での注目 |
| | 社内外から引く手あまた | ⟷ | 会社を辞めづらくなる |
| | 世間にちやほやされる | ⟷ | スタンドプレイは許されない |
| | ▼ ハイリスク・ハイリターン | | ▼ ローリスク・ミディアムリターン |

起業が成功するかどうかは、突き詰めると「カネが続くかどうか」である。何も持たずに起業した経営者が「とにかく大企業と取引ができるようになること」を目指すのは、大企業と取引することがその企業の信用力を担保するからであり、また売上にもつながるからである。さらに、大企業内の1つの部署と取引で成果を出すと、他の部門を紹介してくれることもある。すると顧客が顧客を呼ぶ好循環となり、取引が一気に拡大し、「カネが続く」状況が実現する。売上がゼロに近いベンチャー企業が存続するのは資金調達に成功しているからである。事業の将来性を見越して、売上高がゼロで

あっても投資してもらえることもある。もちろん、それ以前に事業展開にあたってコストを極小化することは必須である。

他方、売上が立っていても費用の支払いがかさみ、資金繰りに窮すると企業は倒産する。黒字倒産という言葉があるように、たとえ年次決算で黒字を維持していたとしても、月次の資金繰りに失敗し手元資金が枯渇すると企業は倒産する。巨額の資金調達に成功したとしても、一向に事業が軌道に乗らず売上・利益が計上されないまま、一定期間経過すると、手元資金を食いつぶして倒産するのもありえる話である。事業が立ち上がるまでに資金がもつかどうかは、起業が成功するかどうかと表裏一体である。

本節では事業創造を新規事業開発と起業に分類し、それぞれの概略を見てきた。この後、新規事業の立ち上げおよび起業のそれぞれについて詳述していくが、本書の大きな流れは以下のとおりである。

第2章から第4章までは新規事業立ち上げに関して論ずる。第2章は新規事業に関する概論であり、新規事業とは何か、立ち上げに関するプロセスはどうなっているのか、日本企業の新規事業の展開はどのような状況かなどを概観する。第3章では、新規事業をどのように発掘するのか、を具体的な方法を交えて記載する。そして、発掘した新規事業をどのように立ち上げるのかについて第4章で触れる。新規事業を立ち上げることは容易ではないが、その肝となることは何か、何に気を付けるべきかを論じる。

第5章から第7章では事業創造のもう1つの方法である起業について扱う。第5章は起業に関する日本の現状を確認する。また日本と米国の起業に関する初期的な比較分析も行う。第6章は起業を3つのステージに分け、それぞれのステージで直面する課題そしてその解決方法、成功に必要な要因を抽出する。また第7章では、日本とアメリカで起業の状況が大きく異なる1つの要因としてベンチャーを取り巻くエコシステムの違いが取り上げられることがあるが、このエコシステムについて詳細を論じる。

第8章および第9章は新規事業を立ち上げたり、新たに起業した後に、その事業をどのように拡大していくのか、事業成長戦略に関して触れる。第8章ではビジネスモデルの構築の重要性、ビジネスモデルの類型や構築の仕方を、ビジネスモデル構築によって成長を実現した企業の事例を示しながら論じる。第8章を踏まえ、第9章ではアメリカ企業などの事例にも触れつつ成長戦略の本質について考えていく。

第10章は事業を創造する人に注目する。新規事業を立ち上げるにしても起業するにしても、何かをゼロから始めると必ず何らかの艱難辛苦に直面するだろう。そのときに必要なのが事業に対する情熱（パッション）である。本書の締めくくりの位置づけとしてアントレプレナー・イントレプレナーという事業創造をする人に焦点を当てる。

【注】

1）S&Pダウ・ジョーンズ・インデックスが算出している代表的な株価指数

2）Joseph Alois Schumpeter: The Theory of Economic Development, 1912

3）Clayton M. Christensen, The Innovator's Dilemma: When New Technologies Cause Great Firms to Fail, 1997

# chapter 2

# 新規事業——概論

## 1　新規事業とは

現在の日本の企業、特に大企業を眺めると単一事業で成り立っている企業はほとんど見られず、多くが複数事業を展開している。日本政策金融公庫が２０１３年に行った調査によると、直近10年で新規事業を行ったと回答した中小企業の比率も43・１％にのぼり、最も規模の小さい企業（従業員１～４人）でも29・３％の企業が新しい事業を行っているという回答になっている。[1) ]規模を問わず、多くの企業が本業以外に「新しい事業」を行っている現状において、「新規事業開発」は一般的にみられる取り組みといえる。

それでは新規事業とは何か。これまで取り組んでいない新しい製品やサービスを市場に出すことが新規事業と言えるのか。例えば、綿布を製造している会社が、綿布を使った学生服を製造販売する事業を新たに始めた場合、これは新規事業にあたるのだろうか。また、学生服の製造販売事業を行っている企業が新たに作業着や事務服の製造販売に乗り出した場合、これは新規事業を始めたことになるのだろうか。ホンダが二輪から四輪自動車、さらには航空機事業に進出したことは新規事業にあたるのだろうか。自動車メーカーの場合、これまでガソリンエンジンで動く自動車を製造していた会社が新たに電気自動車の製造に乗り出した場合、これは新規事業展開となるのだろうか。

学生服をつくっている企業が作業着の生産を始めるのは新規事業ではなく新商品の開発だと考え

る人もいるだろう。一方、自動車メーカーが航空機の製造に乗り出すのは明らかに新規事業と感じるだろう。では、ガソリンエンジンの自動車メーカーが電気自動車の事業に進出することは新規事業と考えるだろうか、それとも新製品開発と捉えるだろうか。「製品やサービスの内容が異なる」ことが新規事業に必要となるが、どの程度異なると新しい事業になるのかの線引きが新規事業か否かに関係してくる。

製品やサービスを支える技術が異なる場合に新規事業と捉える考え方がある。学生服をつくる技術があれば作業服は生産できる可能性が高い。他方、自動車を生産できても航空機は生産できない。航空機の根幹となる技術と自動車の根幹となる技術は大きく異なるからだ。同様に、ガソリン自動車と電気自動車とでは、一方はメカの世界、他方はエレキの世界の話であり、技術の原理が根本から異なる。つまり新規事業に進出するとは、これまで企業が提供していた製品やサービスが異なっていること、また一見、類似製品・類似サービスと思われたとしてもその製品・サービスを支えている技術的要因が異なると、それは新規事業と定義できる。

## 2　新規事業の類型

新規事業を立ち上げて展開していくことに関しては、それが成功しているか失敗に終わったかの結果はさておき、いくつかの視点で類型化が可能である。

## （1）いつ進出を検討するのか？

本業の調子が悪いから新規事業に進出するという場合もあれば、本業の調子がよい状況で新規事業に進出する場合もある。本業の経営が行き詰まり、背水の陣で新規事業の構築に臨んだり、市場が将来的に縮小する危機感から次の収益柱を求めて新たな市場に進出するケースはよく見受けられる。一方、本業の経営が順調である企業が、さらなる成長を図るために急拡大が期待できる市場に進出したり、多角化により経営基盤を安定させるために新規事業を展開する場合もある。最近の動きでは、将来の内需縮小をにらみ、後者のケースが増えている。

本業の調子がよい中、新規事業を立ち上げた例としては、味の素の電子材料事業が挙げられる。味の素は、創業以来、１００年以上にわたって「新しい価値の創造」「開拓者精神」の志を掲げ、常に世の中には未だないものの創造に挑んできた。電子材料事業は、１９６０年代に調味料製造工程で得られるアミノ酸の利用研究から生まれたエポキシ樹脂の硬化剤開発に端を発する。この技術を応用できる分野の探索を続けた結果、１９９８年に世界で初めてコンピュータ用半導体基板の絶縁材料プリント化に成功した。この絶縁用フィルム（ABF: Ajinomoto Build-Up Film）は、高機能CPU向けに世界中のCPUメーカーに供給され、今ではその分野で高いシェアを誇っている。電子材料を製造販売する味の素ファインテクノは、味の素のファインケミカル事業の中核を担う企業に成長を遂げた。

また、ファーストリテイリングも本業が好調な段階で新規事業を立ち上げている。同社は２０１

## ファーストリテイリングの事業展開

| 事業 | 設立年 | 事業内容 | | 現在の状況 |
|---|---|---|---|---|
| 衣料 | 1949年 | ■ユニクロで急成長<br>■ジーユーなどの複数ブランド展開<br>■スポクロ・ファミクロの立ち上げ<br>■セオリーなどの買収 | ➡ | スポクロ・ファミクロは1998年撤退 |
| 青果通販 | 2002年 | ■青果通信販売会社エフアール・フーズ設立<br>―高品質高価格路線 | ➡ | 2004年撤退 |
| 商業施設 | 2005年 | ■商業施設ミーナを運営<br>―テナント誘致 | ➡ | 継続中 |
| デジタルイノベーション | 2015年 | ■ウェアレクス設立<br>―デジタルテクノロジーを活用した新サービス提供 | ➡ | 継続中 |

７年８月期決算で売上高１兆８６１９億円に達し、世界各国への展開を推進しているが、主軸を担うアパレル事業以外にも多くの事業に参入した経緯を持つ。まず２００２年には青果通販会社エフアール・フーズを設立し青果事業に参入した。会員制のビジネス形態にした上で自社の野菜ブランド「ＳＫＩＰ」を定期的に届けるのがこの事業である。当初から高品質で高価格帯に絞った青果を販売していたが、収益面での伸び悩み等を背景に２００４年に事業を撤退した。２００５年には商業施設「ミーナ」の運営を通じて商業施設の開発・運営事業に乗り出した。この事業は撤退していないが、現時点では４店舗の小規模運営に留まっている。２０１５年からは物流倉庫の運営や不動産賃貸などの不動産事業やデジタルテクノロジーを活用した新サービス

## ブラザー工業 カラオケ機器における新規事業展開

| | 導入期 | 成長期 |
|---|---|---|
| 概要 | ■1992年に㈱エクシングを設立し、「JOYSOUND」発売<br>ーブラザー工業、インテック、旧ブラザー販売が出資 | ■海外拡販を見据えた販売・生産体制を構築し始める |
| 背景 | ■1990年代初めにカラオケブームが到来<br>■ブラザー工業は、1986年に通信分野にて新規事業を立ち上げ（その後、撤退）、通信カラオケの基礎技術を確立 | ■1996年に国内カラオケルーム数がピークを迎える<br>■2000年以降国際的にカラオケが浸透し始める |
| 生産体制 | ■筐体は自社生産<br>■システム関連は外注<br>ーカラオケコンテンツ製造はエクシング<br>ーシステム開発・運用はインテック | ■筐体は自社生産<br>ー中国にて筐体生産開始<br>■システム関連は外注 |

の提供を開始している。コアである衣料事業でも、1997年から2年をかけて展開していたスポーツウェア専門のスポクロや、ファミリーカジュアル専門のファミクロなど撤退を余儀なくされた事業もある。このように同社は、幾度となく失敗を経験しながらも、常に新たな事業領域をもとめて積極的に事業開発を進めている。

本業の縮小を予見し、打開策を新たな市場に求めた企業もある。例えば、ブラザー工業は1908年にミシンメーカーとして名古屋で創業したが、ミシン市場の成熟、衰退を見据え、1950年代より事業の多角化に舵を切り、現在はファクスやプリンタ、複合機などを稼ぎ頭とする情報機器メーカーへの変貌を遂げた。事業多角化の一例として、通信カラオケ機器のJOYSOUND

の生産・販売事業が挙げられる。同社はJOYSOUNDを発売する以前の1986年に立ち上げていた通信事業を業績不振により撤退している。しかし、そのときに確立された通信の基礎技術をもとに1992年にJOYSOUNDを発売し、カラオケ事業への進出を図った。1990年初めに国内ではカラオケブームが訪れていたが、当時のカラオケはディスク型が主流で、通信形式による楽曲配信は先進的だった。製造については基礎技術を保有する筐体《きょうたい》部分を自社生産し、不得意部分のシステム関連は外注して補い生産体制を確立した。その後、国内においてカラオケ市場は拡大し続け、その拡大とともにブラザー工業のカラオケ事業も大きく成長した。2000年以降、国際的にカラオケの需要が拡大する中、海外需要を見越した生産・販売体制を構築している。

本業の調子が悪くなって新規事業に踏み出した例として、松竹によるテーマパーク事業（「鎌倉シネマワールド」）もある。松竹は「男はつらいよ」「釣りバカ日誌」などの国民的映画シリーズをヒットさせたが、1990年代後半には興行収益の低下により赤字を抱えるようになっていた。そのような中、「鎌倉シネマワールド」は映画、演劇に続く「第三の柱」として位置付けられ、1995年に150億円もの総工費をかけて開園した。当パークでは、映画の撮影現場や「男はつらいよ」のオープンセットなどが見学でき、SF技術を体験できるアトラクションもあった。採算ラインは120万人であったが、オープン当初は好調であったものの、半年も経つ間に入場者は激減し、3年目には80万人を切るようになっていた。1998年2月期の決算では16億円もの赤字を出し、閉館に追い込まれた。

新規事業を立ち上げるタイミングとして、本業の調子のよいとき、悪いときのそれぞれの例を見たが、どちらの場合も事業が成功するケースと失敗に終わるケースがある。そもそも新規事業を立ち上げること自体が困難をともなうものであり、成功する確率は決して高くない。しかし、あらゆる事業がライフサイクルに従って、いずれは衰退の道を辿ることを考慮すると、会社が永続的に成長するために新規事業開発は必要不可欠のものといえる。その前提にたつと、本業の調子がよい間に新規事業開発に取り組むことが賢明である。本業の経営が安定している間であれば、新規事業のための資金も本業からの収益で賄えるし、本業で培った企業ブランドが新規事業立ち上げに役立つ場合も多い。一方、本業の調子が悪くなってからでは、企業ブランドが落ちてしまっていたり、新規事業に取り組む人材のモチベーションが低下してしまうなどの問題も生じやすい。また、新規事業の失敗が最後の引き金になり、企業倒産に追い込まれるケースも少なくない。本業から安定した収益が得られ、経営基盤が盤石である間に、次なる収益の柱を求めて積極的に新しい分野への進出を検討すべきである。

## （2）シーズをどこに求めるのか？

自社が保有する経営資源に基づいて新規事業を立ち上げていくのか、それとも必要な経営資源を外部に求めて立ち上げていくのかという視点もある。富士フイルムホールディングスの化粧品事業は自社が保有する資源をテコに新規事業を進めた事例である。富士フイルムは社名が表すようにフィルム・カメラがコア事業であったが、アスタリフトというブランド名で化粧品事業を展開している。フィルムは厚さ20マイクロメートル（毛髪の5分の1程度の厚み）に20種類もの層を形成する必要があり、精密な塗布技術が要求される。また100種類もの化合物を用いてフィルムを製造する技術には、抗酸化技術や粒子をフィルム表面の適切な場所に配置するナノテクノロジーを必要とし、富士フイルムは分子の設計及び合成技術を数多く蓄積していた。例えば、人の肌や細胞は直径数十マイクロメートルであり、肌の角層とフィルムの厚さはほぼ同じである。フィルムで培ったナノテクノロジーは、アスタキサンチンと呼ばれる化粧品の成分を高濃度で配合することなどを可能にさせる。このように、富士フイルムは本業で培ったフィルム製造技術を化粧品という新たな分野に競争優位的に応用できることを発見し、新規事業の立ち上げに成功した。

他方、サントリーの花事業のように他社の技術やノウハウも取り込みながら新たな事業に進出する方法もある。サントリーは洋酒やビールなど飲料の大手企業であるが「花」の事業も展開している。1973年に当時の社長である佐治敬三氏が社是を改訂し、酒類事業から脱皮するビジョンを提示し、同年には中央研究所を設立し、食品や医薬品事業など多角化事業の研究体制を整備した。その多角化事業の1つとして考えられたのが、飲料事業で培ったバイオ関連技術を活用できる花の事業である。ただし、自社の技術だけでは十分ではないために京成バラ園芸と共同開発することで花の事業を立ち上げていく。

京成バラ園芸は1959年、世界で通用するバラの優良品種作出を目的に研究開発部門を設立

## サントリー　花事業への新規事業展開

| | |
|---|---|
| 1980年代～ | 花の研究開発着手 |
| 1989年 | 「サフィニア」3種発売により花苗分野へ参入 |
| 1990年 | 「青いバラ」開発を目指し豪州ベンチャー企業カルージン<br>パシフィック社（現フロリジン社）と提携 |
| 1992年 | 花事業部新設<br>海外での販売開始 |
| 1995年 | フロリジン社と共同で遺伝子組み換えの青系カーネーション<br>「ムーンダスト」開発 |
| 1997年 | 秋冬向け苗販売開始<br>「ムーンダスト」エリア限定発売 |
| 1998年 | 液体肥料「ビガーライフ」発売により肥料分野に進出 |
| 2002年 | サントリーフラワーズ株式会社設立 |
| 2003年 | サントリー株式会社（当時）がフロリジン社買収 |
| 2004年 | 「青いバラ」開発成功 |
| 2005年 | 豪州花事業会社オアシス社と共同で花苗開発会社ボンザ社設立<br>「ムーンダスト」全国発売 |
| 2008年 | 野菜苗「サントリー本気野菜」シリーズ発売 |
| 2009年 | 花鉢「プリンセチア」発売<br>「サントリーブルーローズ　アプローズ」エリア限定発売 |
| 2011年 | 「サントリーブルーローズ　アプローズ」全国発売 |
| 2016年 | 野菜青果「サントリー本気野菜」シリーズ 数量限定発売 |

出所：サントリーフラワーズ株式会社ウェブサイト

し、数多くの庭園用バラ品種を開発することで世界有数の育種会社として高い評価を受けていた。サントリーは1986年に京成バラ園芸との共同研究で、マジェンタを色の主力とし、挿し木繁殖する品種など、業界の常識を覆す、消費者が育てやすい品種の開発に成功する。その後1989年に「サフィニア」という商品名でペチュニアの園芸品種を商品化し、花の事業を本格的に展開し始める。1992年に第2号商品の「タピアン」を発売、「花事業部」として事業を独立させる。1995年、青いカーネーション「ムーンダスト」を開発するなど順調に事業を拡大させ、2002年にはサントリーフラワーズを設立し、花事業を分社化するほどの事業規模に成長する。

新日鐵（現新日鐵住金株式会社）による半導体事業への参入のように、他社の資源を買収することによって新規事業へ進出する事例もある。当時の新日鐵は1985年のプラザ合意を皮切りとして急激な円高が進行したことで鋼材の輸出が伸び悩んでいた。さらに海外からの鋼材輸入量の増加にも押され、過剰な生産設備の合理化を図るなど、それまでの拡大路線から一転して縮小路線へ向かう必要があった。このような背景の下、新日鐵は買収によって半導体のDRAM事業に参入した。当時、鉄は「産業のコメ」と呼ばれており、半導体は次世代の「産業のコメ」として位置付けられていた。新日鐵は1985年にニッテツ電子を設立し、シリコンウエハーの生産事業に乗り出していたが、1991年に作成した中期計画の中で、エレクトロニクス・情報通信事業を鉄鋼に次ぐ中核事業と位置付けた。1993年、ミネベアの子会社で半導体事業を展開していたNMBセミコンダクターの売却案件が出てきたため、新日鐵は同社を買収した。しかし、同事業はその後の半導体市場の不況やＤＲＡＭ価格低迷の影響を受け、収益が急激に悪化した。１９９８年、新日鐵は半導体事業を台湾半導体大手の聯華電子（ＵＭＣ）グループに売却し、結果的には同事業から撤退することとなった。自社の現有資産にこだわることなく、他社の買収という手段で新規事業のネタを外部に求める方法は新日鐵の事例以外にも見られる事象である。

### （3）どう育成していくのか？

新規事業という言葉は「世の中にないような何か新しいことを社会に提供する」というイメージを想起させる。確かに今までにない新しい技術に基づく製品を社会に出すことが新規事業の根幹ではあるが、新規事業を戦略に基づいてきちんと育てていくことも重要である。

再びサントリーの花事業の事例となるが、同社が新規事業として花の事業を成功に導くことができたのは、技術・生産・マーケティングのそれぞれの段階で競争優位を構築できたからである。つまり立ち上げた事業を優れた戦略に基づいて育成できたことが大きな要因である。例えば、「サフィニア」は耐病性、耐雨性、連続開花性に優れており、園芸初心者でも簡単に栽培ができる品種であった。さらに「ムーンダスト」は遺伝子組み換え技術を活用してできた世界で初めての青いカーネーションであった。このように製品の競争力を高める確固たる技術が存在する。また、生産に関しても農家と生産委託契約を直接締結し、契約農家が生産した花は全量買い取った。従来、花は卸売市場で販売され、需給状況次第で価格が大きく変動していた。それにより農家の経営は一般的には安定しない状況であった。サントリーがこの伝統的な取引構造を変革することで生産農家の経営は安定し、農家とサントリーとの間でwin-winの関係が構築された。これまで花の事業を展開する企業はブランド戦略・広告戦略の意識はそれほど高くなく、花の買い手である卸売業者のみを対象にした販売活動を進めていた。一方、サントリーの花事業部は、ネーミングに加えて一般消費者や小売店に対して直接アピールする広告を大々的に展開するなど、マーケティング面でも従来の企業とは異なるアプローチをとっていた。

花を育て、売るという事業そのものの新規性は高くない。新規事業には事業そのものの新規性で成功することもあれば、事業自体はすでに世にあるものであったとしても業界の常識を覆すような成長戦略によって事業が成功することもある。「事業の育成」は新規事業開発の大きな視点の1つである。

## （4）既存事業との関係性は？

新規事業を始める際、社内で保有している技術を活用できるなど、既存事業と近い領域で事業を手掛ける場合もあれば、まったく関連性のない事業に進出するケースもある。一見すると既存事業とは関係ないような新規事業もあるが、突き詰めるとコアとなる技術が同じであるなど、多くの場合、前者に分類される新規事業が多いように思われる。

例えば、1988年に新日本製鐵がシステムインテグレーションの事業に進出したのは、一見す

### ヤマハの事業拡大

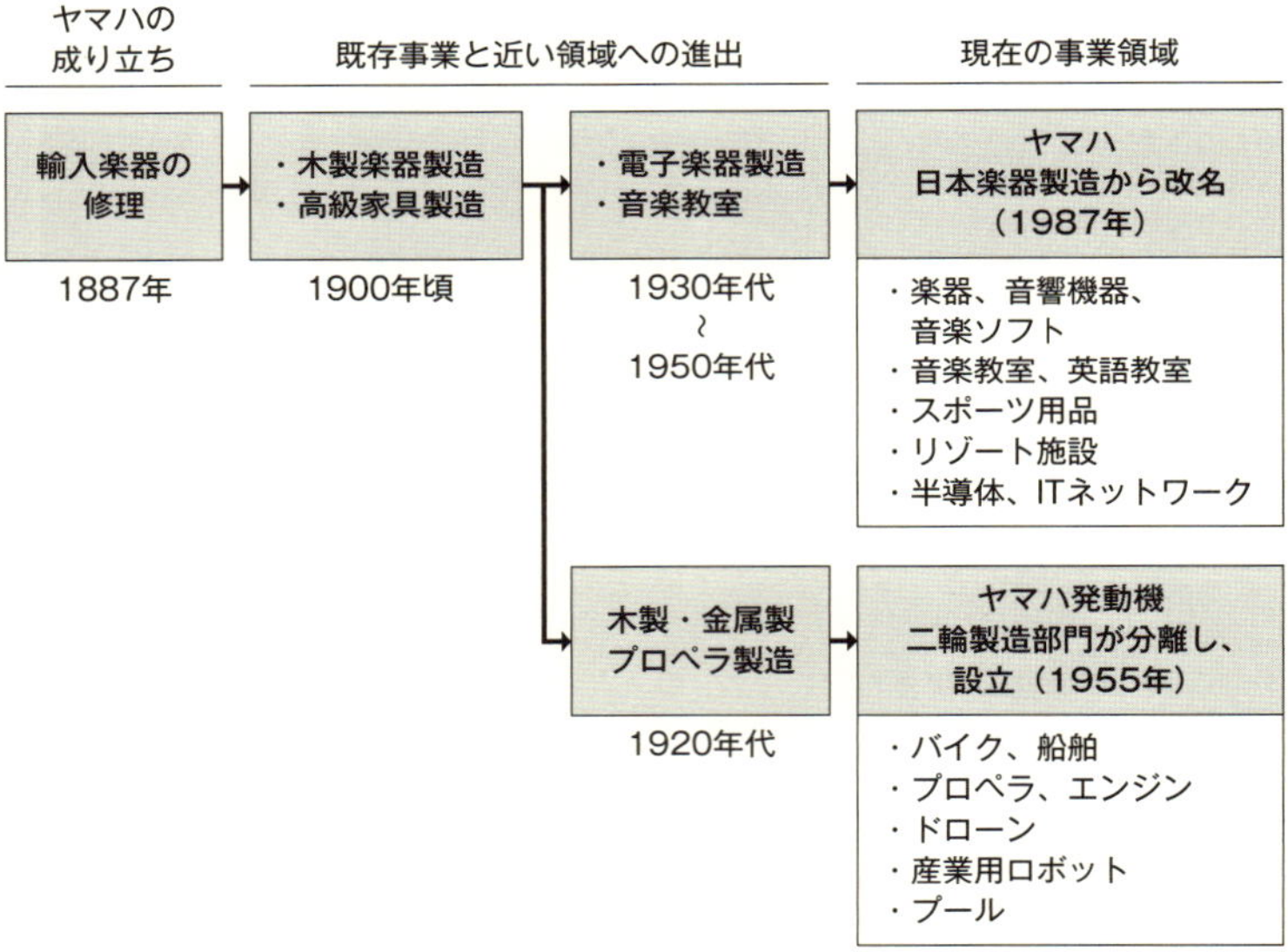


ると本業の製鉄業とは無関係に見えるが、実は既存事業で培った高炉の運営や制御のノウハウなどを活かしている。

ヤマハは既存事業と関連性の高い領域で新規事業の立ち上げを進めてきている。１８８７年に創業され、もともとは輸入楽器の修理から事業を始めたヤマハは、１９００年頃には修理にとどまらず木製の楽器製造や高級家具の製造に乗り出した。その後、１９３０年代から電子楽器の製造、１９５０年代から音楽教室の展開を進めていく。１９８７年には社名を日本楽器製造から現在の「ヤマハ」に変更し、いまや楽器関連にとどまらず、音響機器製造、音源系

など の 半導体製造、音楽ソフト、IT・ネットワーク、英会話教室、リゾート、スポーツ用品など、多様な事業を展開している。また、1920年代に従事した軍需用プロペラ製造で培った技術をもとに二輪車の市場にも進出している。当初、軍需用プロペラは木製であり、ピアノ製造で培った製造技術が大いに役立った。1955年には二輪製造部門を分離してヤマハ発動機を設立し、バイク、船舶、産業用機械などさまざまな分野に事業展開している。このように楽器修理から製造への展開、さらには音楽関連のデバイスやサービス、二輪車やエンジンなど、次々と関連性の高い事業を展開している。

既存事業と関連性の高い新規事業を展開するべきかどうかは、その会社の戦略に依存する。既存事業と新規事業との間に関連性の高い場合は、既存事業の経営資源を有効に活用できるというメリットがある。その反面、事業の関連性が高ければ、市場の状況次第では共倒れになる可能性もある。逆に、相互関係を直接持たない事業群への展開が成功した場合は、ある事業が不調でも別の事業が好調であれば企業全体としては安定した業績を達成できる。いずれの考え方にも合理性は存在するので、既存事業と関連性のある新規事業を展開するか否かについては、会社が何を重視するのか、何を目的とするのかによる。

新規事業開発のプロセス

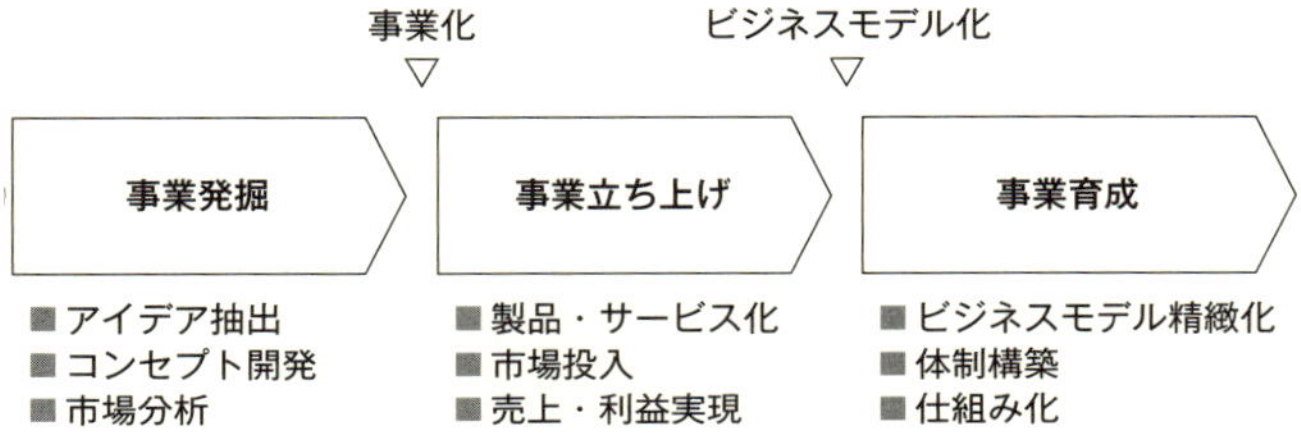


## 3 新規事業開発のプロセス

ここまで新規事業の定義、類型について見てきた。結果として成功した事業もあれば失敗した事業もあるが、どの事業にしても行き当たりばったりではなく何らかの背景や意思決定プロセスに基づいて事業参入の可否は決められている。企業ごとに細かな差異は存在するが、新規事業開発に向けた取り組みとしては概ね3つの段階に分けられる。

まずはどのような事業を行うかの対象を決定するまでの「事業発掘」の段階。ここでは自社のリソースや市場の動向等を加味しながらどのような事業がありうるかのアイデアを抽出し、そのアイデアをコンセプトにまで落とし込み、対象としている市場の動向調査を踏まえて事業化させるまでを指す。次に、アイデアとして落とし込まれた事業を実際に動かし始める「事業立ち上げ」の段階である。この段階では、前段階で構想された製品やサービスを実際に市場へ投入し、反応を見た上で改善を加えていくことが要点となる。市場とのキャッチボールを踏まえながら事業を現実的な形にし、ビジネスモデルを確立していくまでが本段階に当てはまる。最後は、形になり始めた事業に対してビジネスモデルをさらに精緻化し、運営体制を整えるなどの取り組みを通じて仕組みを確立し、事業拡大を迎える「事業育成」の段階である。

事業の種探しから事業が大きく育つ間は、各段階に分かれており、それぞれの段階に応じて適切な取り組みが求められる。次の第3章では新規事業における事業発掘、第4章では事業立ち上げのプロセスについて詳しく触れる。さらに、事業育成については、その要となるビジネスモデル構築や成長戦略を第8章および第9章で詳説する。

【注】

1）中小企業の新事業展開に関する調査、日本政策金融公庫総合研究所、２０１３年

# chapter 3

# 新規事業——事業発掘

本章では、実際の新規事業発掘のプロセスについて述べる。新規事業を発掘すると言っても、どこに目を向けるかによって多種多様な方策が存在する。

## 1 事業発掘の方向性

新たな事業の発掘は、市場側の視点に自社の能力や仕組みを掛け合わせて進められる。事業の発掘は、自社内発と外部発の2つに類型化される。例えば、自社内発の事業発掘は、自社の研究所で開発されている技術などをもとに新たな事業が生まれるケースもあれば、事業部が起点となるケースもある。また、社内ベンチャー制度を構築して、広く社員に事業のネタ・シーズを求めるケースも近年数多くみられる。

外部発の事業発掘は、外部企業とのコラボレーションによって行われる。かつては「外部企業との共同開発」「クロスライセンス」などと語られるケースが多かったが、現在はさらに進化した形態がとられており、「オープンイノベーション」や「コーポレートベンチャーキャピタル（CVC）」などの概念が広まっている。

## 2　自社内発の事業発掘

### （1）自社内研究所を活用する事業発掘

ネタを探す場所として、社内にある技術に着目することは王道である。その場合、その技術の従来の用途や活用方法にとらわれず発想することが大切である。例えば、既に本書でも述べたように富士フイルムは、写真フィルム事業において蓄積した粒子技術を活用し化粧品事業に参入した。既にある技術をもとに用途を広げていった例である。研究所発のシーズをもとに事業ネタをつくることも1つの方法である。研究所では、最新の研究開発が行われているものの、製品化され市場に出ることなく埋もれてしまっている技術も多く存在する。これは、市場で何が望まれているかといった視点が欠けていることや、タイムリーに商品として提供できなかったことが要因と考えられる。このように埋もれてしまっている技術をタイムリーに市場ニーズにつなげることができれば、新規事業として花開く可能性も高い。

市場ニーズを検証しつつ研究所にある技術を選定して事業化する仕組みとして、ステージゲートという手法がある。まず、研究所内にあるシーズを抜けや漏れなくかき集め、母集団を形成する。その上で、アイデアのスクリーニング、開発、テスト、など製品開発の各ステージで客観的に評価するゲートを設けて事業ネタを選定する。そして、選定された事業ネタをビジネスとして立ち上げ

## ステージゲート法

■ 多数のアイデアを対象に研究開発や事業化・商品化活動を複数のステージに分割
■ 次のステージに移行する前には評価を行う場（ゲート）を設け、そこをパスしたテーマのみ次ステージに進める

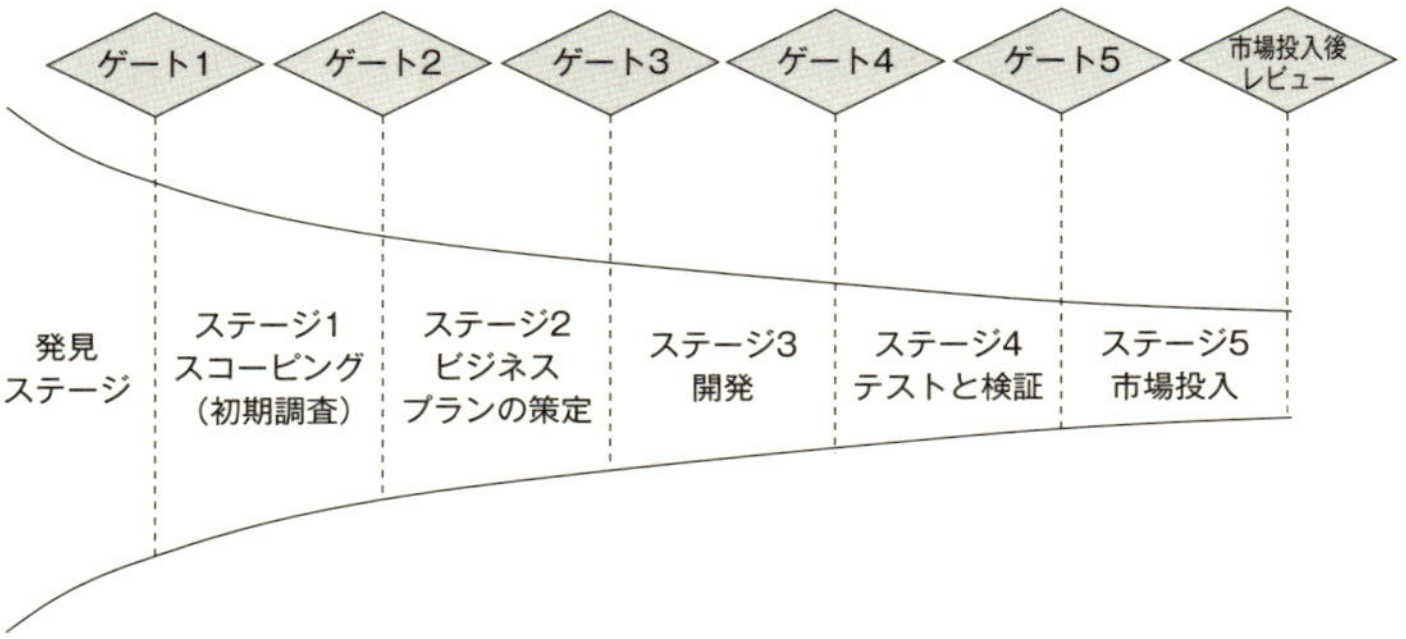


出所：ロバート・G.クーパー（著）、浪江一公（翻訳）「ステージゲート法 製造業のためのイノベーション・マネジメント」、2012年

るため、その受け皿となる組織につなげる過程をたどる。研究所での技術は、どうしても研究中心の思考に陥りがちであるが、市場のニーズを正確に捉え、どれだけ市場の目線で事業ネタを選定できるかが鍵となる。

### （2）事業部内に存在するアイデア活用による事業発掘

新たな事業アイデアは研究開発部門だけではなく、実際に事業を行っている事業部内にも数多く存在する。そのアイデアを活用して新規事業の発掘を進める仕組みの事例として、ＩＢＭのＥＢＯ（Emerging Business Opportunity）が挙げられる。ＩＢＭはコンピュータ業界において、１９８０年代以前は圧倒的な競争力を保持していたが、メインフレームからパーソナルコンピュータへのシフ

ト、いわゆるダウンサイジングの流れとオープン化の中で徐々に競争力を失っていく。1993年にCEOに就任したルイス・ガースナー氏は、ミドルウェアやサービスの領域で事業を拡大する戦略を打ち立てると同時に、新技術・新市場での成長戦略を策定する。この過程で、自社内で開発を進めていた有望な新技術に基づく新規事業が陽の目を見ることなく次々に潰されていることを知った同氏は、IBMの事業部門が独自の新規事業を展開できるようにするための新規事業開発の仕組み（EBO）を構築する。

IBMにはGTO（Global Technology Outlook）とGIO（Global Innovation Outlook）と呼ばれる取り組みがある。GTOは、中期的に業界にとって重要となる革新的技術のトレンドがどのようになっているのかを分析し、全社戦略に直接的に影響をおよぼすものである。他方、GIOはイノベーション、ビジネス変革、社会的な進歩について議論する場であり、社内外の専門家によるエコシステムとも捉えられる世界的な協業である。この2つの取り組みは、継続的に成長するためのイノベーションを推進するものであるが、EBOはそれを具現化するための仕掛けである。

EBOは、①知識と洞察が生まれつながる「コミュニティ」、②実行をつかさどる「プロセス」、③コミュニティとプロセスを結びつける役割を果たす「カタリスト」、の3つの要素で捉えられる。何か新しい事業ネタを社員が思いついた場合、その現場では同僚などを巻き込んで新しいネタに関するコミュニティが生まれる可能性がある。ただしこれが正式な社内組織プロセスに乗らなければ、全社としての新規事業の展開には結びつかない。そこでカタリスト役が組織の意思決定プロセスに乗せるためのサポートを行う。つまり、この事業を新たに展開するためにはどのような人的資源が必要なのか、資金はどの程度必要なのか、担当の事業グループとしてどの程度の経営資源を投入できるのか、新規事業としてどの程度の事業インパクトを持つものなのかなど、経営トップおよび事業や財務の責任者を巻き込んでの正式な組織プロセスを行うようにするのである。これによって新規事業のネタが埋もれてしまうのを回避する。

また、ＩＢＭは世界40か国にまたがる８００人以上の優秀な技術者などで構成されるIBM Academy of Technologyというコミュニティを形成したり、社内のソーシャルメディアを活用して10万人以上のＩＢＭ社員が社内ブログを用いて対話を推進することや、元社員や外部のブロガーなどとの社内外でのコミュニケーションを促進している。これによって、あるテーマに関する関心や問題・熱意などを社内外で共有し、その分野の知識や技能を深めていくことが可能となり、新規事業のアイデアの源泉であるコミュニティの活性化を実現している。

ＥＢＯは事業部などにある新しい動きを支援する取り組み全体を示すものであり、ＥＢＯそのものが新規事業を推進するわけではない。ＣＥＯ・事業部のトップ・ＣＴＯなどの技術部門のトップで形成されるチームに事業部にある新たな動きをつなぎ、ＧＴＯやＧＩＯの取り組みも踏まえつつ、有望と評価されるアイデアに対して必要な経営資源を投入する仕組みである。１９９９年に始まったＥＢＯの仕掛けによって、Linux関連分野など数多くの成功事例を生み出しており、２００６年にはＩＢＭの全売上の約４分の１がＥＢＯによるものであった。

大企業における新規事業展開に関してＩＢＭのＥＢＯの事例から得られる示唆としては、以下の4点にまとめることができる。

① 大企業においても、事業部内ではさまざまな新規事業アイデアが生まれており、新規事業展開が促進される仕組みを持っている

② 事業部内でアイデアを埋もれさせるのではなく、会社として、新規事業アイデアをトップにつなぐ役割を果たす組織、事業部を横断して機能する組織を持つ必要がある

③ 必要な社内の経営資源にアクセスできるように支援する組織が必要であり、それをトップマネジメントが関与するプロセスで意思決定すること

④ 新規事業のアイデアを醸成するコミュニティを社内外のメンバーをつなぎ合わせて組織化することが有効であり重要である

### (3) 社内ベンチャー

首都圏を中心に70店舗以上を展開している外食チェーン、Soup Stock Tokyoがある。この外食チェーン店舗を運営しているスマイルズは、三菱商事の社内ベンチャーとして始まった会社である。現社長の遠山正道氏は、当時三菱商事の外食サービス事業ユニットに所属しており、関係会社であるケンタッキー・フライド・チキンに出向していた。低投資・高感度をキーワードにこれまで

にない業態であるスープ専門店のアイデアが生まれ、「1998年、スープのある1日」というA4版13ページのストーリー仕立ての企画書を社内に提出、これがケンタッキー・フライド・チキン・ジャパンの当時の社長や三菱商事の外食ユニットリーダーだった新浪剛史氏に承認され、1999年にお台場にSoup Stock Tokyoの第1号店がオープンした。

このように大企業が新規事業を立ち上げる方法として、いわゆる「社内ベンチャー」の制度を構築する事例がみられる。上記の三菱商事のSoup Stock Tokyoの例以外にも、DICのルネサンス、ソニーのプレイステーションなど日本企業においていくつかの成功事例がみられる。社内ベンチャーとは企業内起業家の育成や組織を活性化することなどを目的に、社内で新規事業の企画を募集し、選ばれた企画に対して企業が一定期間ヒト・モノ・カネを提供し、各々の会社が持つ事業基準を満たした新規事業のことを指す。

**社内ベンチャーの目的**

大企業が社内ベンチャー制度を導入する狙いは、大きく3つある。1つは社員に新たなことに挑戦する機運を高めるためである。特に成熟した事業で構成されている大企業においては、社員のチャレンジ精神が低く、現状維持の意識が強くなりがちだ。したがって今後の成長をいかに実現していくのかは喫緊《きっきん》の課題であり、停滞している企業文化を打破するために社内ベンチャー制度が活用される。実際に、ある大手エレクトロニクスメーカーの経営企画部の社員は「起業家精神のある社員を育てて、グループ内にとどめ、次世代を背負ってもらいたい」「事なかれ主義から脱却し、新しい起業家精神を確立したい」と話している。また、ある大手ＩＴ企業の経営企画室の社員も「社内ベンチャーが視野を広げた。発想を転換することで新しい価値を創造するヒントを得た」「多くのチャレンジの中から成長企業を生み出したい」と話している。

２つ目の理由は、他事業からの〝囲い〟をつくり、フリーハンドでの展開を描きやすくするためである。社内ベンチャーは、他の事業部門からの干渉を受けることなく１つの独立した組織で活動し、売上・利益という結果の責任をともなう仕組みにして推進メンバーがオーナーシップをもって事業に取り組むように仕向ける制度でもある。ある大手ＩＴ企業の事業開発本部の社員は「新規事業の戦略的意思決定に部門間の利害を持ち込みたくない。独立性が高く機動力があり、活発に活動する組織が必要だ」と語っている。つまり、１つの独立した会社の形態をとることで、必要な経営資源の調達や事業領域の意思決定を他部門との関わりなく自らの裁量で進めることができる。売上、利益などすべての結果が社内ベンチャーの推進メンバーの責任となるが、自分でオーナーシップを持つことが事業の成功を高めることにつながる。

３つ目の理由は投資回収の意味合いである。社内ベンチャーが成功した場合、株式市場に上場し、会社は持ち分を株式市場で売却することもできるし、他社に売却することも可能である。例えば、金融サービスを手掛けるイー・ギャランティは、ネット取引における決済保証を行う会社であり、伊藤忠商事の社内ベンチャー企業として設立された。２００１年から展開し始めた企業間取引

## 社内ベンチャー制度導入の動機

| | |
|---|---|
| 企業文化 | 社員に新規事業に対する創造性が生まれ、新たなことに挑戦する機運が高まる |
| 干渉回避 | 他部門からの干渉を避け、1つの独立した組織として活動するため事業成功率が高まる |
| 投資回収 | ベンチャー事業が成功した場合、事業の売却もしくはIPOによりキャピタルゲインを得る |

の売掛金保証サービスにより大きく成長し、２００７年にジャスダック上場を果たす。伊藤忠商事は、２００７年のイー・ギャランティの上場時において同社株式を７９８７株保有していたが、２０１１年３月期の有価証券報告書では持株数が６３９８株となっており、１５８９株減少している。仮に当該期間における平均株価を30万円程度とすると４・８億円程度のゲインを得ていることになる。また、伊藤忠商事は現時点でも24・３％の株式を保有する筆頭株主であり、その時価総額は約１０５億円（２０１８年7月18日現在）にのぼる。もちろん、伊藤忠商事が保有株式を直ちにすべて売却するわけではないだろうが、社内ベンチャーが上場することによって保有株式の流動性が高まることは間違いなく、投資家としての親会社は投資リターンを得られることも大きなメリットと考えられる。

社内ベンチャー制度は日本において事業創造を活発にするために有効な仕組みといえる。資金の面では、アメリカではエンジェルと呼ばれる個人投資家からベンチャーキャピタル

## 日本で社内ベンチャー制度が有効である理由

| | 日本 | 米国 |
|---|---|---|
| 資金 | 多くの事業は大企業、銀行がスポンサーとなる | VCが多数存在し、資金調達の割合が高い |
| 人材 | 優秀な人材ほど大企業に就職する傾向が強く、離職率も低い | 優秀な人材は独立志向が強く、独立するか、比較的小さな企業に就職する |
| 技術 | 大企業の技術開発部門による技術開発がメイン | 大学、研究機関主導の技術開発市場での技術のネタが入手容易 |
| ブランド | 価格よりも、商品や企業への信頼、信用を重視する | 品質の良いものを安く購入できれば構わないカルチャー |

まで、ベンチャー企業の成長ステージに応じてさまざまな投資家が存在し、資金提供者の層が分厚い。日本の場合、大企業や銀行が資金提供者になっているケースが多く、投資家の層が相対的に薄い。人材面から見ても、アメリカでは優秀な人は独立志向であるが、日本では優秀と言われる人ほど大企業に就職し、かつ長期にわたって雇用される傾向にあり、労働市場を介しての人材再配分がうまく機能しない。日本では大企業の人材流動性が低く、大企業の研究開発部門の優秀な技術者もそのまま企業で働き続ける場合が多い。つまり、新技術のネタと優秀な人材は大企業に数多く存在するといえる。また、日本の消費者は無名企業の商品よりも有名な企業が出している商品に信頼を置く傾向にある。以上のような要因から、社内ベンチャー制度は日本企業との親和性は相対的に高いと考えられる。

## 事業アイデアの評価基準

社内ベンチャー制度を導入している企業では、事業のアイデアを社内で公募する。公募したアイデアの評価の仕方は企業によってさまざまであるが、一般には「事業としてどの程度有望か」「実現性はどの程度高いのか」の2点から評価される。

事業の有望性については、まずは、対象としている市場は大きいのか、今後成長するのか、社会的なインパクトは大きいのかという視点で評価される。さらには具体的なユーザーが見えているのか、ターゲットセグメントは明確なのかという顧客の具体性も評価される。市場の規模や顧客の具体性を捉えられたら、競合優位性が高いのか低いのか、事業アイデアが他の製品・サービスで代替されることはないのか、新たな製品・サービスの出現によって淘汰されるリスクはないのかなど、競争戦略の視点から評価される。また、ビジネスモデルも評価要因の1つである。より収益性の高い売り方・儲け方になっているのか、他社が模倣できないようなビジネスモデルが構築できているかどうかという観点から評価される。

事業の実現性については、第一に、検討している製品・サービスが技術的・法律的・制度的に上市することは可能なのかが問われる。例えば、電子デバイスを日本で販売するには当該製品に関する法律を遵守しなければならない。また、指定された試験をクリアしない限り国内での販売は不可能である。続いて、自社の販売網を活用するにしても、代理店ないしはパートナー企業など間接チャネルを販売網に活用するにしても、販売チャネルが確立されていないとそもそも顧客にリーチすることすらできない。特に近年は自社のみですべての事業オペレーションが完結することは珍しく、パートナー企業の有無やその選定は経営上の大きな課題である。そして、事業の収益性が高いか低いかは当然問われる要因である。

評価にあたって気を付けなければならないのは、事業の新規性をどの程度要求するのかという点である。社内ベンチャー制度がしばしば行き詰まるのはこの事業の新規性をあまりに強く要求することに一因がある。世の中にない事業アイデアが出てくるのはよいことだが、事業の新規性をあまりに強調すると事業アイデアが出てこなくなる。そもそも世の中の新しい事業は、他の業界で行われていたことをうまく移植して構築したものも多い。事業のアイデアそのものが新しいのではなく、他の業界で行われている事業アイデアをヒントにして、自己が属する業界に当てはめて新たな事業が生み出される場合である。事業の新規性の定義は比較的広く設定してもよいのである。

**社内ベンチャー制度の具体的な事例**

ソニー、富士通、ＮＥＣ、ＮＴＴグループ、パナソニック、トヨタ自動車など多くの日本企業が社内ベンチャー制度を導入している。パナソニックは２００１年４月にパナソニックグループ社員からの提案に対して事業化するためのパナソニック・スピンアップ・ファンド（ＰＳＵＦ）を設立した。２００１年４月に総額１００億円のファンドを設立し、２００４年には50億円のファンドを追加した。パナソニックの経営理念や経営基本方針に逸脱しない、既存事業では推進困難なもの

## パナソニック・スピンアップ・ファンド（PSUF）の概要

■パナソニック社員の社内起業を促進・サポートするための制度

| | |
|---|---|
| 概要 | パナソニック社員の主体性・創造性を活かし、パナソニックグループの新規事業創造を行うことを主目的とした社内起業制度 |
| 設立 | 2001年4月 100億円のファンドを設立<br>2004年4月　50億円のファンドを追加 |
| 出資 | ■出資額：上限5億円／社<br>■出資比率：パナソニック51%以上、本人30%以下、外部30%以下 |
| 投資対象 | ■経営理念、経営基本方針を逸脱しないこと<br>■既存事業では推進困難なもので、パナソニックに変革をもたらすもの<br>■事業性・成長性が十分にあり、将来大きく発展できるもの |
| 見極基準 | ■単年度黒字：設立3年以内<br>■累積損失解消：設立5年以内 |

出所：企業発ベンチャー magazine vol.8 経済産業省関東経済産業局、2014年

で、手掛けるとパナソニック本体に変革をもたらすもの、事業性・成長性が十分にあり、将来大きく発展できるものというのが基準である。合致していれば、パナソニックが51％以上、事業発案者本人は30％以下、外部協力者は30％以下の出資比率で1社に対して上限5億円の資金が投下される。仕組みとしては、パナソニックの社員が新たな事業アイデアを提案すると、PSUFの事業企画チームおよび経営管理チームと、パナソニック本社の経営企画グループや技術グループなどの本社アドバイザーとが連携し、支援および出資を進めることで社内ベンチャー企業の成長をサポートしていく。

なお、事業は設立から3年以内に単年度黒字、設立から5年以内に累積損失の解

消という基準で評価される。

富士通は1994年より、ベンチャー企業を活用したイノベーションとして、企業発のベンチャー制度と外部のベンチャー企業との提携など、同社の言う「コーポレートベンチャリング」の活動を始めた。これは「新規ビジネスの創出」「革新的な企業風土の醸成」「埋もれた事業シーズの有効活用」「投資リターンの追求」「新しい事業開発手法や外部資源の活用」という富士通が直面する5つの経営課題を解決することを目的に設けられた制度である。1994年の制度構築当時は、「会社を辞めて新会社をつくる」という、ハイリスク・ハイリターン型が最も成功確率が高いと考えて制度設計をしたが、2000年からはスピンオフ制度を開始した。さらに2005年からはベンチャー企業への直接投資を行うためのファンドも設立するなど、コーポレートベンチャリングの活動範囲は時を追うごとに広がっている。この制度では、社外のベンチャーキャピタルから出資を募るケースもある。事業アイデアについては特に応募期間を設けず、随時受け付けている。事業アイデアが会社から高い評価を受け、事業化の承認が下りると、提案者が51%以上、会社が34~49%出資し、提案者は設立された会社に転籍する。事業の継続は設立後3年が経過した時点で単年度黒字が条件となっている。この制度を用いて富士通では電子書籍販売のパピレスという会社が立ち上がり、上場も果たしている。

社内ベンチャー制度を導入している各社の応募状況と選定結果を見ると、決して多くのアイデアが採用されているわけではない。先述のパナソニックでは2001年からの3年間で350件の事業アイデアの応募があり、最終審査を通過したのは19件、応募総数に対する採択率はわずか5％に過ぎない。その他にも大日本印刷は30数件の応募に対して採択数1件、トヨタ自動車においては、318件の応募に対して採択率6件である。日本全国でどれほどの社内ベンチャーの応募があるのか、最終的に採択された件数は何件なのかについての詳細は不明であるが、上記の各社の例を見てみると、概ね2～5％程度の採択率と考えてよさそうである。社内ベンチャー制度を設けていても、各社とも選考に関しては妥協せず厳しい基準を設定している。

## 3　自社外発の事業発掘

### (1) オープンイノベーション

企業の成熟した状況や低成長の状況を打破するために、近年オープンイノベーションという考え方がビジネスを席巻しつつある。例えば、アップルのｉＰｏｄはアップルの社員のみが開発を手掛けたのではなく、フィリップスやジェネラルマジック、工業デザインを行うＩＤＥＯなど社内外の出身者35名からなる技術者チームが開発に携わって完成したものだと言われている。また、Ｐ＆Ｇのプリングルズ・プリントのアイデアの源泉は可食性インクで文字を印刷する技術であるが、当該印刷技術はイタリアのパン屋で活用されていたものであると言われている。これは２０００年にＣＥＯに就任したアラン・ラフリー（Alan G. Lafley）氏が掲げたConnect & Development戦略、つまりイノベーションの50％を外部の企業と連携して実施し、オープンイノベーションを推進するという戦略に基づくものである。事実、P＆Gは研究開発費を増額することなく、次々と革新的な製品の開発を進めている。このように近年の新規事業や新製品の中には、もともと社内にあるものではなく、社外のメンバーも巻き込んで事業のアイデアを思い付いた製品も多数存在する。

### オープンイノベーションの定義

オープンイノベーションとは、現在、世の中にないソリューションや未来のテーマに対して、自社のみではなく、他社、他人も巻き込み、協働ないしは外部の人材の知恵や技術を借りて、新しいソリューションを創出する取り組みである。言い換えると、自前主義を捨て、外部資源を有効に活用してイノベーティブな商品・サービスを開発することである。

そもそもオープンイノベーションという概念は、２００３年にヘンリー・チェスブロウ氏が提唱した概念である。同氏はオープンイノベーションを「企業の内部と外部のアイデアを有機的に結合させ価値を創造すること」と定義している[1)]。企業が外部のアイデアを取り込んで研究開発を進めるケースは、クロスライセンスによる開発などの事例にみられるように以前から行われていることである。「オープンイノベーション」として新たに概念化されるのは、そのパートナー、対象、およびレベルがクロスライセンスなどで想定されているかつての外部との連携とは異なり、大きく広がっていることが要因である。

## レゴのオープンイノベーション

■レゴの専用サイト（LOGO IDEAS）に顧客が作品を掲載し、
サポーター登録が10,000を超えると、レゴにて商品化される

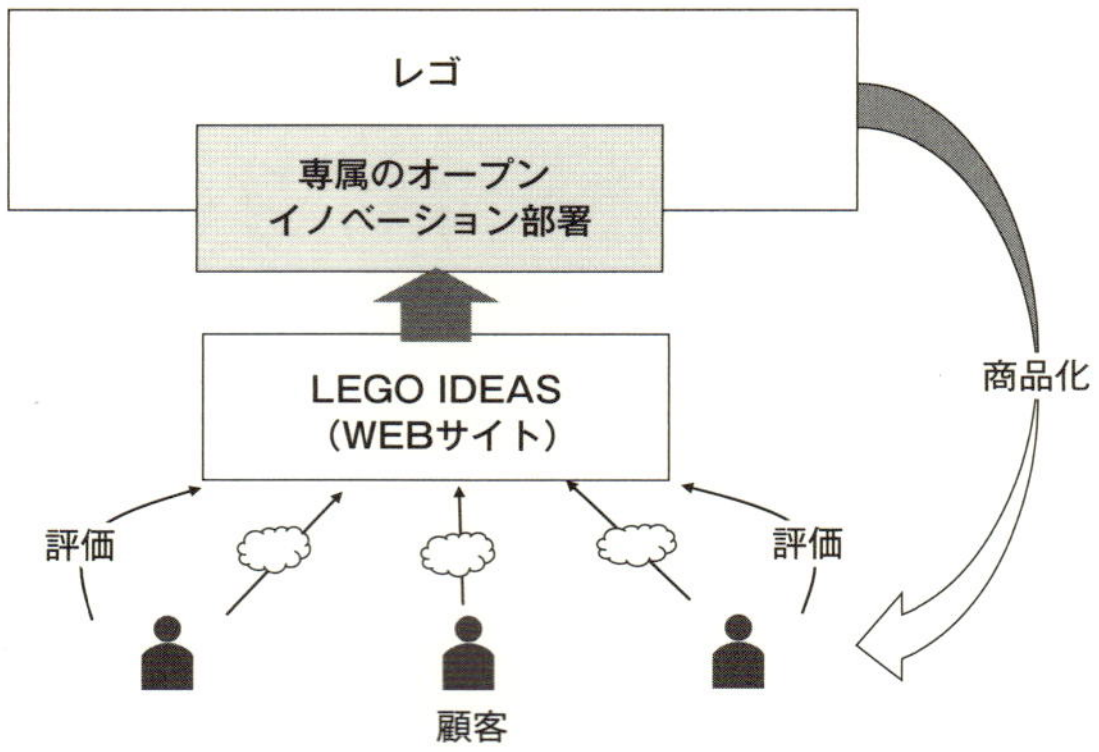


### オープンイノベーションの対象と範囲

オープンイノベーションの相手は必ずしも企業とは限らない。世界的な玩具メーカーであるレゴは、ユーザーからイノベーティブなアイデアを吸い上げ商品化する仕組みを持っている。ユーザーがレゴのファンサイトである「LEGO IDEAS」と呼ばれるウェブサイト上に、レゴブロックで作成したオリジナルのアイデアを投じると、そのアイデアを支持する人がサポーターとして登録する。この支持者が1万人を超えるとレゴによる検証を経て商品化される仕組みとなっている。つまりレゴは「LEGO IDEAS」を起点にして社内からは生まれてこないような革新的な商品企画をユーザーやレゴのファンから取得する、つまりオープンにアイデアを求め、革新的な商品を市場に出す活動を行っている。

このようにイノベーションを実現するために、他の企業、研究機関だけではなく、個人事業主やユーザーも巻き込んで、エコシステム全体としてイノベーションを起こしていく考え方がオープンイノベーションの1つの視点である。

新たな製品やサービスが市場に出されるまでには、コンセプトづくり、プロトタイプの開発、製品化、製品化されたものの機能拡張などさまざまプロセスを経なければならない。イノベーションをプロセスのどこで行うのか、その対象もさまざまである。例えば、アメリカのローカル・モーターズは、2007年にハーバード・ビジネス・スクール在学中のジェイ・ロジャーズ氏が立ち上げたオープンソースによる車づくりを行う会社である。クラウドソーシングにより世界中のデザイナーや技術者と共に車を設計し、マイクロファクトリーと呼ばれる工場で購買者と共に車を組み立てる。同社は2011年にアメリカ軍向けの戦地用車両の設計に取り組むが、この際、デザイナー・技術者・ユーザーなど3万人が登録しているプラットフォームを活用し、3・5カ月という短期間で設計・製造を完了させた。ローカル・モーターズのようなベンチャー企業が内部の開発にこだわっていた場合、このような短期間での設計および製造への展開は不可能である。この事例では、コンセプトづくりや設計および製造に関してオープンイノベーションが活用されているが、既存ユーザーを起点に既に製品化されているものの機能拡張を目指してオープンイノベーションを展開することも考えられる。これまでのイノベーションは、新製品やサービスを開発し、上市したら製品化プロセスは終了したものと捉えられるが、オープンイノベーションは製品化後も不断にイノベーションが続く可能性をもたらすものとして、これまでのイノベーションの考え方とは異なるものと捉えられる。

また、オープンイノベーションはそのオープンの程度もこれまでの考え方よりも格段に大きい。例えば、クロスライセンスなどは、ある組織とある組織の1対1の関係の中で外部から技術を導入したり、新たなアイデアを取り込むことがイメージされていると言える。これは他社と連携するのはあくまで補完的な位置づけであり、研究開発の基本は自社で行うことが前提と考えられていたことが影響している。つまり、ある特定の企業や組織を補完的に位置づけてその技術やノウハウなどを取り込んでいくという考え方である。それに対してオープンイノベーションの概念では、ある企業が不特定多数の企業や組織と連携し、自社の技術と他組織の技術を同等に扱い、革新的な製品やサービスを開発することを狙いとしている。

## 日本におけるオープンイノベーションの現状

これまで自社で研究開発を行い、イノベーションを起こしていた企業が外部に活路を求めるようになった理由は、自社のみの研究開発の効率が相対的に低くなってきたことが要因である。研究開発の効率性を全要素生産性（生産要素の投入量に対する産出量の比率）で評価すると、自社単独の場合が0・887であるのに対して、外部企業と連携した場合は3・850に上り、自社単独の場合と比して、4・3倍も効率的であるとする研究結果もある。[2)]

ただし、日本企業のオープンイノベーションへの取り組みは諸外国と比較して遅れている。オープンイノベーションの比較研究によると欧米企業のオープンイノベーション実施率が78％であるのに対して、日本企業の実施率は47％にとどまっている。[3] 日本企業においてオープンイノベーションを阻害する要因が存在することになるが、例えば、２０１５年の調査によると、「オープンイノベーションを推進するための人材が社内に不足している」「取り入れた技術がうまく商品化につながらない」「外部組織が関わるプロジェクトのマネジメントが難しい」「自社技術や事業戦略に関する情報漏えいのリスクが大きい」などの要因が挙げられている。[4]

これらの阻害要因は人材の育成や意識改革など組織的な要因に集約される。これまで外部と連携せずに研究開発を行ってきた会社が突然、外部の企業と連携して事を進めることは容易ではない。自社で行うことと他社と連携して進めることをどのように区別するのか。自社内のチームのマネジメントでさえ簡単ではない中で、他社のメンバーが関与してくると、どのようにチームを導いていけばいいのか、リーダーシップが問われることにもなる。技術漏えいが発生した場合、誰が誰に対しどう責任をとるのかなど知的所有権の問題、法的問題に関する解決方法を決めておかなければ外部連携は進まない。他にも、会社が異なれば同じ言葉でも異なる定義で使われる可能性もある。プロジェクトメンバー間のコミュニケーションを促進するなどのプロジェクトマネジメント力が大きな鍵を握る。

これらの問題の多くは現場のマネジメントの問題に起因するものだが、経営トップが自らオープンイノベーションを推進する意識を持ち、それを企業全体に行き渡らせることによってはじめて、担当者はオープンイノベーションを推進できる。オープンイノベーションによって発生する問題以上に、そこから得られる果実の大きさを社内に取り込むことの重要性をトップ自らが伝えていかなければならない。

### （2）コーポレートベンチャーキャピタル（Corporate Venture Capital：CVC）

短期間でイノベーションを実現する方法の1つとして、昨今、外部のベンチャーを支援するコーポレートベンチャーキャピタル（CVC）が注目されている。CVCは単に投資リターンを追求するという財務目的ではなく、会社の成長戦略を推進させたり、新たな市場を創発させることなどを目的として一般企業がベンチャー企業に直接投資する活動である。CVCは金銭的なリターンも意識しないわけではないものの、相対的には投資収益率よりも事業シナジーの追求や投資先の先端的な技術や事業ネタを取り込むことを目的にベンチャー企業への投資を行う。長期戦略の観点から連携効果が大きいと判断される社外の独立系ベンチャーに多数投資を行うことは、事業面での競争優位性の確保や、会社の内部にベンチャー精神の活力を与えるなど、さまざまな相乗効果を得られる。

日本企業によるCVC投資は年々拡大を続けており、2017年の投資実績は過去最高の681億円に達し、5年前の27倍にものぼる。投資件数では、2017年には172件の投資が実行さ

## 近年設立されたCVC

| | 設立年 | 母体企業 | 運用総額 | 概要 |
|---|---|---|---|---|
| YJ Capital | 2012年 | Yahoo! Japan | 265億円 | 成長ステージを問わず、インターネット関連企業に投資 |
| KDDI Open Innovation Fund | 2012年 | KDDI | 100億円 | KDDIグループ傘下の事業との協業によりイノベーション創出を目指す |
| ドコモ・イノベーションファンド | 2013年 | ドコモ | 250億円 | 革新的な技術や斬新なビジネスモデルを持つベンチャー企業を支援 |
| Rakuten Ventures | 2014年 | 楽天 | （グローバル）2億ドル（日本）100億円 | インターネットサービスを世界規模で進化させるためのスタートアップエコシステムを支援 |
| 電通ベンチャーズ | 2015年 | 電通 | 100億円 | 電通のリソースを活用し、ハンズオン型のベンチャー支援を提供 |
| 資生堂ベンチャーパートナーズ | 2016年 | 資生堂 | 30億円 | 「美」を生み出す技術、「美」を伝え、創りだすアイデアや技術に投資 |
| パナソニックベンチャーズ | 2017年 | パナソニック | 1億ドル | シリコンバレーに拠点をおき、米国のスタートアップ企業に投資 |
| Toyota AI Ventures | 2017年 | Toyota Research Institute | 1億ドル | シリコンバレーを拠点に、人工知能、ロボティクス、自動運転などの分野のベンチャー企業に投資 |

れ、5年前の6倍の件数となっている。[5] 近年設立されたＣＶＣの例としては、パナソニックがシリコンバレーにて２０１７年に立ち上げたパナソニックベンチャーズが挙げられる。米インテルなどから投資ノウハウを持った人材を迎えいれ、1億ドルの運用資金を用意している。また、トヨタ自動車が２０１７年に設立したToyota AI VenturesはＡＩや自動運転などのベンチャー投資を進めている。他にも多くの企業がＣＶＣを設立しており、その勢いはいまだに衰えていない。

## ＣＶＣの立ち上げ

ＣＶＣを実際に立ち上げる際には以下の点を明確にする必要がある。

（1）ＣＶＣの目的と投資基準
（2）案件のソーシング（調達）方法
（3）運営の組織体制
（4）案件の評価・意思決定
（5）エグジット方針（売却の時期、相手先、規模など）

まずは目的である。投資対象企業の選択および投資決定はＣＶＣの目的に照らし合わせて行われる。具体的な投資ターゲットとなる領域は何か、ファンドのサイズおよび1回の投資金額はどの程度か、目安としてどの程度の投資リターンを目指すのか、どのようなスキームのＣＶＣにするのか、パートナー企業と提携して設立する場合はどのようなパートナー企業を選択するべきなのか、などを決めなければならない。スキーム次第では設立に際して法律が絡むこともあるので、法令を満たすための組織要件の確認も必要となる場合がある。ファンドの運用に関する詳細事項はまず明確に決めておく必要がある。

ＣＶＣ立ち上げの２番目の検討項目は案件のソーシング方法である。いくらＣＶＣとして投資資金を用意しても、投資案件がなければ投資もできないので、ソーシングチャネルの確保は最重要課題といえる。優良な案件に巡り合うためにはどのようなソーシングネットワークを築くべきか、既に投資活動を積極的に行っているＶＣや他社のＣＶＣに少額でも出資し、当該ＶＣやＣＶＣが投資を行わないような案件の情報を入手して投資案件を調達するという方法もある。国内・海外、ＶＣ／ＦＡ／会計・弁護士事務所／学術機関との関係構築をするなど、案件調達に関するパイプは太いほどよい。また調達した案件を具体的にどのような基準・やり方・プロセスでスクリーニングして、具体的な投資案件にしぼりこむのかを検討していかなければならない。

３つ目の留意点は、ＣＶＣ運営の組織体制である。目的や仕組みを実現する上でＣＶＣにどんな機能・組織を実装していくべきか、投資を執行していくためにどのような人材をどのような目的でどういったミックスで揃えていくか、投資意思決定を担う投資委員会のメンバーはどのような人材で構成するのか、ＣＶＣ設立母体の会社のどの部門と連携していくのか、誰をＣＶＣの投資子会社の担当としてつけるのか、などについて検討する必要がある。

4番目の評価・意思決定で検討すべきことは次のような内容である。投資におけるデューデリジェンスをどの程度詳細に行うのか、どの程度の期間行うのか、いくらの費用をデューデリジェンスにかけるのか、投資対象企業を評価する際にどのような項目で行うのか、株価算定に関してはどのような計算式で行うのか、VC業界で活用される考え方を適用するのか、それとも自社特有の算式を用いて評価するのか、などの観点である。

5番目のエグジットは投資後の体制やプロセスに関することである。CVCの投資は投資対象会社との事業シナジーを期待して行われるが、そのシナジーを実現させるためには事業会社側の部署も含めどのような体制を構築しなければならないのか、パフォーマンスや活動のモニタリング・PDCAはどのようなプロセスでどこまで手間をかけて行うのか、どのような状況でエグジットするのか、などについて考えておかなければいけない。CVCは資金があれば始められるが、投資を成功につなげるためには細部にわたる検討が必要となる。

## CVCの投資先候補評価項目

一般的にVCが投資を行う際には、以下の項目で投資候補先を評価するのが一般的である。

・経営陣は事業に対して能力や情熱を持っているか

・競合優位に立つだけの技術力があるか
・事業は高い成長が見込まれる市場を対象としているか
・製品サービスが他社と明確に差別化されている、ないしは競争優位性を持っているか
・企業の戦略と事業計画（数値計画）に一貫性はあるか、無理な事業計画になっていないか
・簿外債務の存在など財務上の問題はないか
・企業の価値が適切か

他方、ＶＣとは異なり、ＣＶＣの投資の主眼は事業上のシナジーを追求することにある。したがって投資を行う際の評価項目も、上記の項目に加えてＣＶＣを設立している事業会社との事業上のシナジーがどの程度期待できるのかが大きな評価のポイントとなる。このため、例えばあるメーカーが設立しているＣＶＣの投資委員会は、ＣＶＣ投資子会社の社長、親会社である事業会社の社長、ベンチャー企業支援の経験を保有し大学でベンチャー創出の推進を担っている教授、事業を専門家の視点で評価を行う経営コンサルティング会社のコンサルタントで構成されている。ベンチャー企業に投資を行うか否かの決定を行う投資委員会において投資委員からされる質問例として、「投資対象会社はどのような技術を保有しているのか。その技術は自社の技術と融合させると新製品開発がどの程度加速するのか」「自社が保有する販売チャネルを活用すると、どの程度投資対象企業の製品の売上がかさ上げされると思われるか」「エグジット先として自社に取り込んでい

くシナリオがどの程度強いのか」など、自社が保有する経営資源とのシナジーに関する質問が非常に多く発せられる。株価や投資回収に関する議論も行われるものの、それが議論の主体となるＶＣとは異なり、ＣＶＣでは自社とのシナジーが重要視される投資意思決定が行われる。

## ＶＣとＣＶＣの違い

これまで見てきたように、ＣＶＣとＶＣではいくつかの点で違いがみられる。一部には、ヤフージャパンの投資子会社であるＹＪキャピタルのようにヤフーとの事業シナジーを重視せずに投資するスタンスをとるＣＶＣも見られる。しかし、一般的には、ＶＣが純粋に投資収益率の視点から投資意思決定を行うのに対して、ＣＶＣは設立母体ないしは親会社の事業上ないしは技術的に関係する領域を中心に投資される。ＣＶＣを狭義に捉えるならば、やはり設立母体の事業会社とのシナジーを重視したものをＣＶＣと捉えるべきである。

また、ベンチャー企業はいくつかの段階（ラウンド）に分けて資金を調達していくが、ＶＣはある調達ラウンドの資金調達をまとめる役割を果たすリードインベスターとして機能し、その調達において最大の資金を投資する。それに対してＣＶＣは、一般にはリードインベスターの立場はとらず、株式の保有比率も数％にとどまる。投資の出口（エグジット）に関してもＶＣが基本的には投資先のＩＰＯ（Initial Public Offering; 株式公開）によって投資資金を回収するのに対して、ＣＶＣ投資のエグジットは、ＣＶＣを設立した企業が買収して内部に取り込むことをメインにしている。

## 4　事業発掘の着眼点

事業発掘については異なる手法があり、どの手法を採用するかは自社の状況や目標に鑑みて決定するはずだが、どの手法であっても新規事業に踏み出す際に重要な着眼点が存在している。本章の最後に、事業発掘を行う際の肝を付記しておきたい。

### （1）独自のアンテナ・引き出しを持つ

他社が持たない独自の視点を持ち合わせておくことがポイントとして挙げられる。大小さまざまな組織で過ごしていれば、往々にして特定の事象や現象を表す共通言語が組織内で発生するものである。自分や相手が考えている物事を表す際にこうした言語の使用は有用であるが、一方でそのような共通認識のショートカットを続けていれば、定義が単一的なものに収斂し、使用する言語から派生する新しい側面が生まれづらいのもまた特徴である。新規事業とは、文字通り「新しい事業」であり、社内にある〝以前の経験〟はあまり役に立たない。異なる視野・視座・視点を持ち続け、多面的な切り口を引き出せるようにしておくことが重要であるといえる。

また、事業の法則性を見出すのも重要な点である。法則性を見出すことで、その法則性に適合するような戦略を採用し、業界内でも成長することが可能となる。例えば、ゴルフ場運営を手掛けるアコーディアゴルフや整体チェーンを展開するカラダファクトリーには共通の法則性がある。両社はともに、中小事業者が乱立し、ブランドを保有する企業が存在しない業界で標準化・チェーン化の仕組みを構築し成長につなげるという法則を見出した。アコーディアゴルフは2002年以降、経営難に陥ったゴルフ場などの買収を進め、アコーディアゴルフのブランドのもと一定のプレー環境とサービスを提供することで顧客を獲得してきた。2017年時点で全国133のゴルフ場を運営している。また、カラダファクトリーも同様の戦略で整体サロンを運営し、全国に300店舗以上を展開している（2018年）。

## （2）自社の強みは弱み？

会社の強みがあるところに着目して、新規事業を構築することは有効である。ただし、会社の強み、弱みの分析は難しいものである。社内で認識されている強みは、「今はすっかり状況が変わってしまっているが、昔はそうであった」というような〝神話〟である場合も多く、〝強み〟と認識されていたものが、実は〝弱み〟となっているというようなこともしばしば起きている。〝強み〟と〝弱み〟は表裏一体の関係にあり、先入観をなくして客観的に捉える必要がある。特に、「ブランド力がある」「強いチャネルを持っている」「過去にこれで成功した」といった強みには注意が必要で、現状は変わってしまっている場合が多い。したがって、社内で強みといわれているものを、一度否定してみることもときには必要である。

また、自社の強みを正確に把握するために、強みを動詞で表現することも勧められる方法である。名詞で表現すると、モノやコトそのものの整理には役立つが、動詞（ないしは動きを表現する名詞）で表現するとモノやコトの本質に近づくことにつながる。例えば、鉄道会社が自社の事業を「鉄道」と定義づけるよりも、「輸送する（輸送）」という動詞で捉えるほうが事業の本質を表現しており、さらに今後の事業に広がりを持たせることが可能となる。倉庫会社は「倉庫」の事業を行っているのではなく、「預かる」のが商売である。最近はさらに「預かっているうちに価値をつける」商売に変化している。このように物事を動詞的に表現することによって、何をしているのかという本質に近づく。

ＳＣＲＥＥＮホールディングスは、印刷会社として創業し、現在では半導体やディスプレイをはじめとするエレクトロニクス業界や印刷業界に最先端のソリューションを提供している。同社が保有する強みは、像の表面処理、直接描画、画像処理の３つである。同社は新規事業の立ち上げの際には、強みを動詞で定義しなおし、「像を残す」と「像をつくる」と言い換えて事業の検討を行っている。その結果、検査計測分野、プリンテッドエレクトロニクス、細胞関連のライフサイエンス分野などさまざまな分野に新規事業を展開している。

このように会社の強みを動詞で表現することで、具体的なアクションにつながり、結果につながる。新規事業を考える際に、その強みを生かせる用途をより明確にまた幅広く捉えることができる。新規事業を構築する際に、自社の強みを正確に把握し、それに立脚した事業を展開することは簡単のようであるが、実行は難しい。

## SCREENホールディングスの強みと事業展開

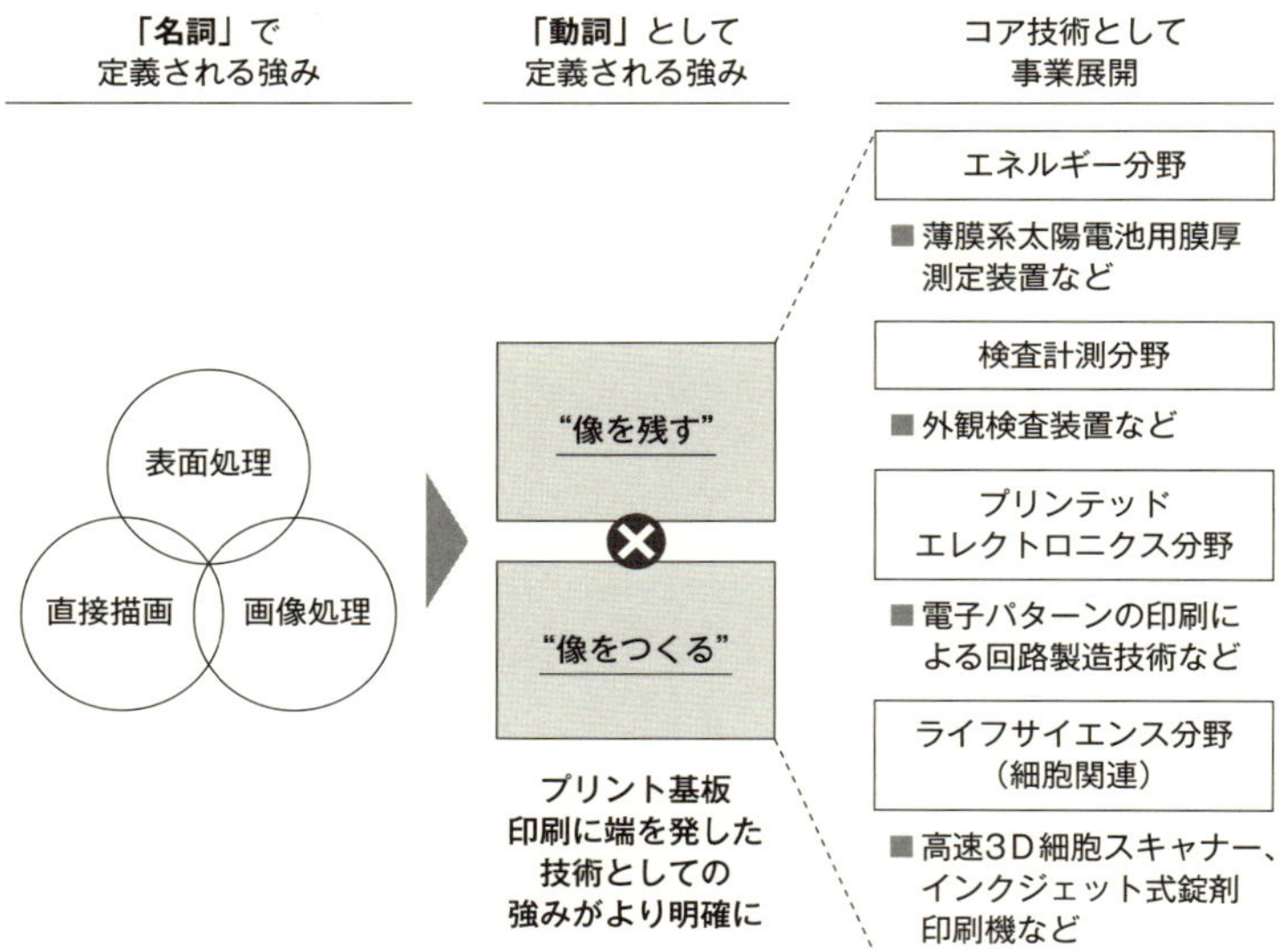


出所：株式会社SCREENホールディングス　ウェブサイト

【注】

1）Henry William Chesbrough, Open Innovation: The New Imperative for Creating And Profiting from Technology, 2006

2）「民間企業のイノベーションを巡る現状」経済産業省　２０１５年

3）米山茂美・渡部俊也・山内勇・真鍋誠司・岩田智『日米欧企業におけるオープン・イノベーション活動の比較研究』:「学習院大学　経済論集」第54巻　第1号（２０１７年４月）

4）21世紀政策研究所「日本型オープンイノベーションの研究」（２０１５年）

5）日本経済新聞　２０１８年1月12日

# chapter 4

# 新規事業——事業立ち上げ

前章では、社内外のさまざまなリソースを活用した新規事業を発掘する手法について触れた。本章では、発掘手法を踏まえて、具体的にどのように事業を立ち上げていくのかについて考察する。ここでいう事業立ち上げとは、社内外で発掘した事業のアイデアが製品・サービスの具体的な形となり、上市されて売上（および利益）を実現することとする。

発掘した事業アイデアが立ち上がるかどうかを左右する要因は大きく3つである。1つ目は、どこに新規事業を立ち上げるのか、2つ目は上市できる製品・サービスが確立されるか、3つ目は製品・サービスを上市した後、顧客を獲得できるかどうか、である。

## 1　新規事業の事業領域

新たな事業を立ち上げる際の重要な点は、成長市場がどこにあるのか、そして、自社がこれまで蓄積してきた技術やノウハウなどを活かせる市場はどこにあるか、である。

新規事業は成長市場で立ち上げることが重要である。製品ライフサイクル理論を持ち出すまでもなく、成長市場であれば、需要が自然に拡大していくので、事業立ち上げの初期段階で競合企業との激しい競争に陥るリスクも低く、高い収益をあげられるビジネスになる。

だが、成熟した市場である日本に、今後さらに成長する市場が本当にあるのだろうか。日本の人口は減少に転じ、内需は縮小し続けており、今後大きく成長する市場は考えにくいという結論を導きがちである。

しかし、見方を変えると、日本市場においても大きな可能性が残っている。

例えば、日本は世界でも高齢化が急速に進んでいる国の1つである。この高齢化社会で新しいビジネスを成立させることができれば、後に続く高齢化に直面する海外市場に同サービスを展開し、大きなビジネスに育てられる可能性がある。通信教育など教育産業を中核に事業を展開しているベネッセコーポレーションや居酒屋チェーンを展開するワタミが、老人ホームの運営事業[1]に進出したことは成長市場をにらんだ新規事業展開の一例である。

また、成熟市場と言われる農業でも少し見方を変えれば成長市場を見出すことができる。例えば、ＩｏＴなど先端技術を絡めた「スマート農業市場」は2ケタの成長率が見込まれている。それを見越して農業市場に参入する異業種企業もみられる。トヨタ自動車は、自動車事業で培った生産管理手法や工程改善ノウハウを農業分野に応用できるように米の生産農業法人向けの農業ＩＴ管理ツール「豊作計画」を開発・上市している。また、安川電機も自社が保有するロボット制御技術を活かした完全自動化植物工場システムの研究を２０１４年に開始している。その他にも日立製作所や東芝など大手重電メーカーやコロワイド、イオンなど農業とは無縁の企業が数多く農業市場に参入する事例がみられる。

既に成熟しているとみられる市場においても、市場をより細かく見ていくことによって「成長セグメント」を見出すことができる。例えば、ビールの出荷量は減少傾向にある。２００７年にはビールの国内出荷量は347万キロリットルあったが、2016年の出荷量は266万キロリットルと2007年の4分の3の規模に縮小した。しかし、ビール市場を細かく見ると、ベルギーなどからの海外のビールやプレミアムビールの市場は伸びている。

国内家電業界も成熟市場と捉えられがちだが、近年は新しい技術を搭載したヒット商品が多く出るなど、ビールと類似の市場動向がみられる。バルミューダは2003年3月に設立されて以降、LEDのデスクライト、扇風機、空気清浄機などを開発・販売してきた。2015年に、「世界一のトーストが焼ける」と称した2万円超のトースターの開発・販売によってキッチン家電領域に参入し、国内外で30万台を売り上げる巨大ヒット製品となっている。従来は2万円を超える価格帯は市場では意識されておらず、バルミューダがトースターの高価格セグメントを創り出したともいえる。また、エアコンが十分普及している世の中において、羽根のない扇風機で多くの消費者を惹きつけたダイソンのような例もある。このように視点を変えることで、一見すると成熟市場においても成長市場を見出すことができる。

第二の考え方として、既存事業と同じ市場・領域ではないものの自社がよく知る事業領域に進出するという考え方がある。具体的には既存事業の「隣地」に新規事業をつくる、という考え方である。既存事業とまったく異なる「飛び地」に新規事業を展開するのではなく、既存事業の「隣地」に展開するほうがこれまで自社が蓄積してきた技術やノウハウなどを活かすことができる。既存事業で保有しているブランド、販売チャネル、要素技術など既存事業で培ったノウハウやネットワー

**アマゾンによる隣地への進出**

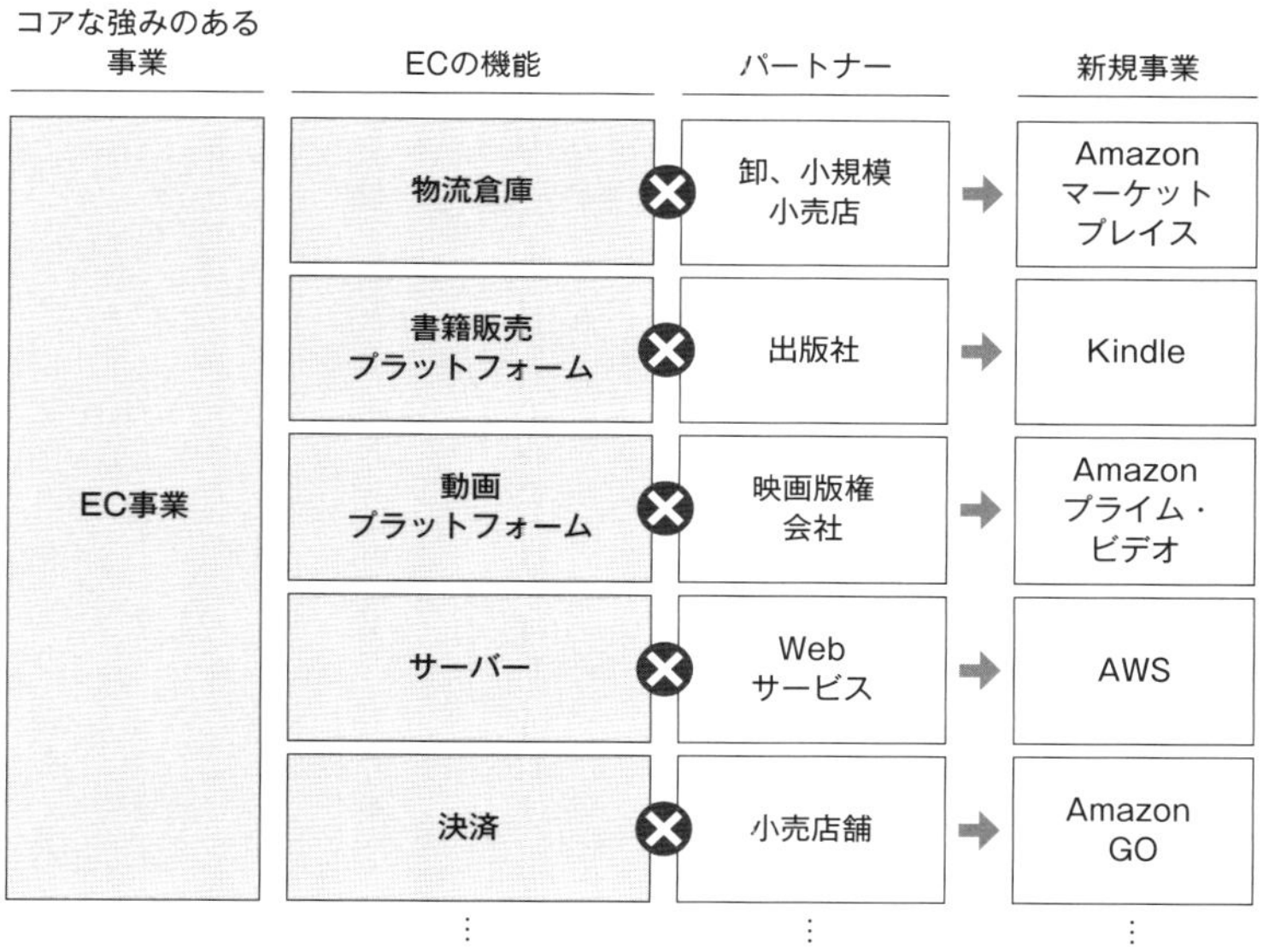


クおよび経営資源を共通して多重に利用できる場合が多く、コスト競争力の点では有利に作用する。

　例えば、アマゾンは書籍をはじめ今ではさまざまな商品のＥＣプラットフォームとして知られているが、アマゾンが持つ機能はそれにとどまらない。販売する商品をストックするための倉庫および物流機能、ＥＣを支えるサーバーおよび情報システム、ＥＣに欠かせない決済機能、動画のプラットフォームも保有している。これらの保有する内部機能を外部の企業と連携させたり、自社で独自に展開することによって本業の隣地に新規事業を展開することに成功している。例を挙げると、サーバーにウェブサービスを加えることによってAWS（アマゾンウェブサービス）というアマゾンの利益成長をけん引する新規事業の立ち上げに成功している。また、決済機能を小売店舗に展開したAmazon Go、Kindleの事業はアマゾンの書籍販売プラットフォームに出版社を掛け合わせることで生まれてきた事業である。競争優位の源泉となっている自社保有機能が活きる隣地に新たに事業を展開することでアマゾンは急速かつ爆発的な事業成長を実現している。

## 2　製品・サービスの上市

そもそも製品・サービスが具体的な形にならないと事業は立ち上がらない。コアの技術を保有していたとしてもそれだけで製品・サービスが完成するわけではない。

例えば、洗浄機付きトイレ用のトイレットペーパーの開発においても、すぐに破れる耐久性のないペーパーであればそもそも用をなさないが、あまりにペーパーの耐久性があると水で流したときにパイプが詰まることになる。洗浄機付きトイレ用のトイレットペーパー開発企業は、拭くときには破れず、しかしペーパーが水に浸かってから何秒以内にバラバラになりはじめるようにつくるか、に苦心したと言われている。当該開発企業は凹凸2枚の紙の貼り合わせ型でつくられる空間の形状、紙の貼り合わせの強度、紙質の調整など製品の完成までに2年をかけてさまざまな試行錯誤を行っている。飲料業界では、生分解性プラスチックをPETボトルの代替として使用する動きが見られる。しかし、生分解性プラスチックではPETボトルと同等レベルないしはそれを上回る耐久性やボトルの透明性、コスト効率などを実現することは容易ではなく、さまざまな素材の組み合わせを試さなければならないと同時にボトルの生産方法も改善されなければならない。その他、所定の処理速度までパフォーマンスを上げるためにはどのような部品で構成しなければならないのか、〝ふんわり感〟を出すために使用する部材を何にすればいいのか、発熱を抑えるためにどのような回路設計にすればいいのか、など、さまざまな技術上の仕様を決めなければそもそも製品・サービスが上市に至らず新規事業は立ち上がらない。

製品やサービスが何らかの形になったとしても、特に量産製品においては問題が発生する場合もある。つまり、製品が研究室の試作品レベルは生産できるものの、大量生産ラインに乗せると、例えば位置決めの精度が低く次工程でのトラブルが発生する、検査工程で表面の傷や汚れを設定された基準で検知できず不良品が発生するなど、試作品製造時と同等の品質にならないことは起こりえる。

近年は、自社で製品の生産を行わず、外部の企業に委託するケースが増えている。異業種から電子デバイス事業に新規に乗り出したあるメーカーは、製品の生産を外部の企業に委託していた。しかし、一向に品質が安定しなかったため、さまざまな方法で調査を行ったところ、生産受託企業が決められた仕様ではない部品を勝手に使用して製品の組み立てをしていたことが品質の不安定の原因とわかった。生産を委託する側に生産技術の専門家がおり、その人が工場の生産工程のチェックなどを行うことができればこのような問題は発生しないだろうが、新規事業としてこれまで手掛けたことのない電子デバイスの事業に進出した場合、人もノウハウも不足しており、生産委託先の細かなところまでチェックできないのが現実である。仮に生産技術の専門家を雇い入れ、委託先に対して監査を行うと通達しても、契約書に盛り込まれていなければ委託先企業は拒むであろうし、そのような監査を契約に入れるべきだと事前に気づけないのが新規事業の落とし穴である。

## 3 顧客の獲得

顧客を獲得できるかどうかは、事業を立ち上げていく際の大きな課題である。将来、急成長が見込まれる有望な市場において、付加価値の高い製品を開発し、上市を行った。さらに、独立した事業部を組織し、製造・物流を円滑にできる体制も整えた。しかし、上市から2年経過しても事業は鳴かず飛ばずであるといった事態は少なくない。そのような事態は、顧客獲得のフェーズでの課題に起因することが多い。結局のところ、顧客を獲得できなければ、事業は立ち上がらないのである。

新規事業において顧客を獲得することはそもそも容易ではないが、営業のアプローチが間違っている場合もある。例えば、ファインケミカルやハイテクIT系など技術レベルが競争力の大きな源泉になる企業の新規事業部門は、企業の名前をテコに顧客に営業のアポイントは入れられるものの、訪問時に顧客に対して技術的な優位性ばかりを説明し、往々にして顧客にとってどのような価値があるのかを説明する提案がなかなかできない場合がある。

具体例を挙げると、ある化学メーカーでは新規事業における取扱製品の提案資料の内容が（極端に言うと）化学反応式ばかりで構成されており、ユーザーメリットを伝えられずに食い込めない状況が長かった。また、ある大手ＩＴ企業では、新規事業で展開しようとしている情報システムの提案書が、サービス内容やシステムのモジュールの説明に終始しており、例えば生産性がどの程度高まるのか、人員がどの程度削減されるのかなど、具体的なメリットが伝わりにくい提案になっていたケースもあった。このような場合、初回の訪問は実現したとしても、顧客から「それで、これまでと何が変わるのか」「コストが劇的に安くなるのか、新技術の開発が加速されるのか」などの価値を認識されることが難しく、顧客の開拓が進まない状況に陥る。

また、既存事業の顧客基盤があるがゆえに、既存事業の顧客とのつながりに頼り、行きやすい企業ばかりに営業をかけ、本来ターゲットすべき顧客に営業を行わないことも顧客の獲得につながらない要因である。とにかくお客さん候補を回っていることを社内に示していこうと意識すればするほど、行きやすい企業に営業に行くという状況は発生しやすくなる。大企業であれば広く取引先を保有しており、そのつながりを活用すればさまざまな企業にアプローチすることは可能である。消費者向けの事業を展開している会社の場合は、店舗やネットなどのチャネルを活用して最終ユーザーにリーチすることが可能である。しかし、それは事業の内容から必ずしも本来のターゲット顧客にならない場合もある。ましてや、既存事業と新規事業との間で何らかのカニバリゼーション[2)]が発生する可能性が考えられるのであれば、顧客リーチチャネルを再構築しなければならない状況もあり得る。

さらには、そもそも営業活動を行った経験が少なく顧客開拓が進まないこともある。名の通った大企業の場合、既存事業では「これまでの取引関係」という資産を背景に、広く積極的に営業活動を行わなくても製品・サービスが需要されるケースはある。しかし、営業活動やマーケティング活動を展開し、ゼロから顧客を開拓した経験やノウハウ・事例の蓄積が薄い企業もある。そのような企業の場合、初回の営業アポイントを取得することさえもどうすればいいのかわからないという状況もある。

新規事業で展開する製品やサービスが、これまでにない優位性や技術的特徴を持っている場合は、自社から積極的に営業活動を行うことなく顧客を獲得できる可能性はあるが、このような状況はまれである。新規事業において類似の競合製品・競合サービスが存在していない状況を除き、顧客開拓の動きが鈍いと事業の立ち上げはおぼつかない。

これらの問題を回避するためには、製品・サービスの顧客への提案価値は何かを明確にすることが重要である。顧客は製品やサービスの背景にある技術的な要素を事細かく知りたいわけではない。顧客ニーズを明確に捉え、製品・サービスを使うことによるメリットを明確に伝えられなければば顧客開拓は進まない。

特に新規事業は、ルートセールス的な営業活動では顧客開拓が進まず、ターゲット顧客リストの作成が重要となる。新規事業がBtoBの事業であれば、顧客になり得ると考えられる企業のロングリストを作成したうえでショートリスト化を行い、アプローチする先の優先順位をつけなければならない。その際、どのような軸や要因をもって優先順位をつけるのかは事業の立ち上げを左右する重要な課題であるが、これは新規事業の成長戦略に基づいて決定される。例えば、新規事業が同業他社との競争を回避する戦略を採用するのであれば、顧客業界の中でもニッチに属する顧客企業が優先されるであろう。業界のゲームの構図を根本的に変えるような製品・サービスを提供できるのであれば、顧客業界のトップランク企業をターゲットに自社製品にスイッチさせていく戦略が合理的であるから、優先順位の高いターゲットは業界内のトップ企業群となるだろう。

ここまでは、企業において新規事業を発掘し立ち上げていくまでのポイントを論じてきた。次章では、新たに企業を設立して事業を創造していく「起業」についてみていくことにする。

【注】

1）２０１５年、ＳＯＭＰＯホールディングスに売却。

2）マーケティングにおいて、自社製品（または自社サービス）同士が競合するために、市場の共食いが発生してしまう現象。

# chapter 5

# 起業——概論

## 1　起業とは

起業と聞くと、概ね以下のようなイメージを持っている人が多いのではないだろうか。

（1）起業しても成功する確率は低い
（2）起業は20歳代、30歳代の若い人が行うものである
（3）起業は優れた能力を持っている人が行うもので、普通の人は起業できない
（4）日本は諸外国と比較して起業の割合が低い

これらは単なるイメージなのか、よく言われている神話なのか、また、正しい場合はどの程度その傾向があるのか、本章ではデータなどの事実を基に検証していくこととする。

誰もが起業に成功するわけではない。成功する確率は低いだろうと考える人が多いことは容易に想像できる。では一体、新しくできた会社の〝生存率〟はどのくらいなのだろうか。２０１１年の中小企業白書によると、設立10年後の残存割合は70％、設立してから29年後でも47％が残存している。もちろん従業員数でみて、どの程度の企業規模を対象に統計データを取るのかによって結果は異なるだろうし、成功の可否を別にした単なる残存企業数の割合ともいえる数字である。ただし、

## 新しくできた会社の生存率

企業の生存率（起業時を100とした場合の残存企業数の割合）

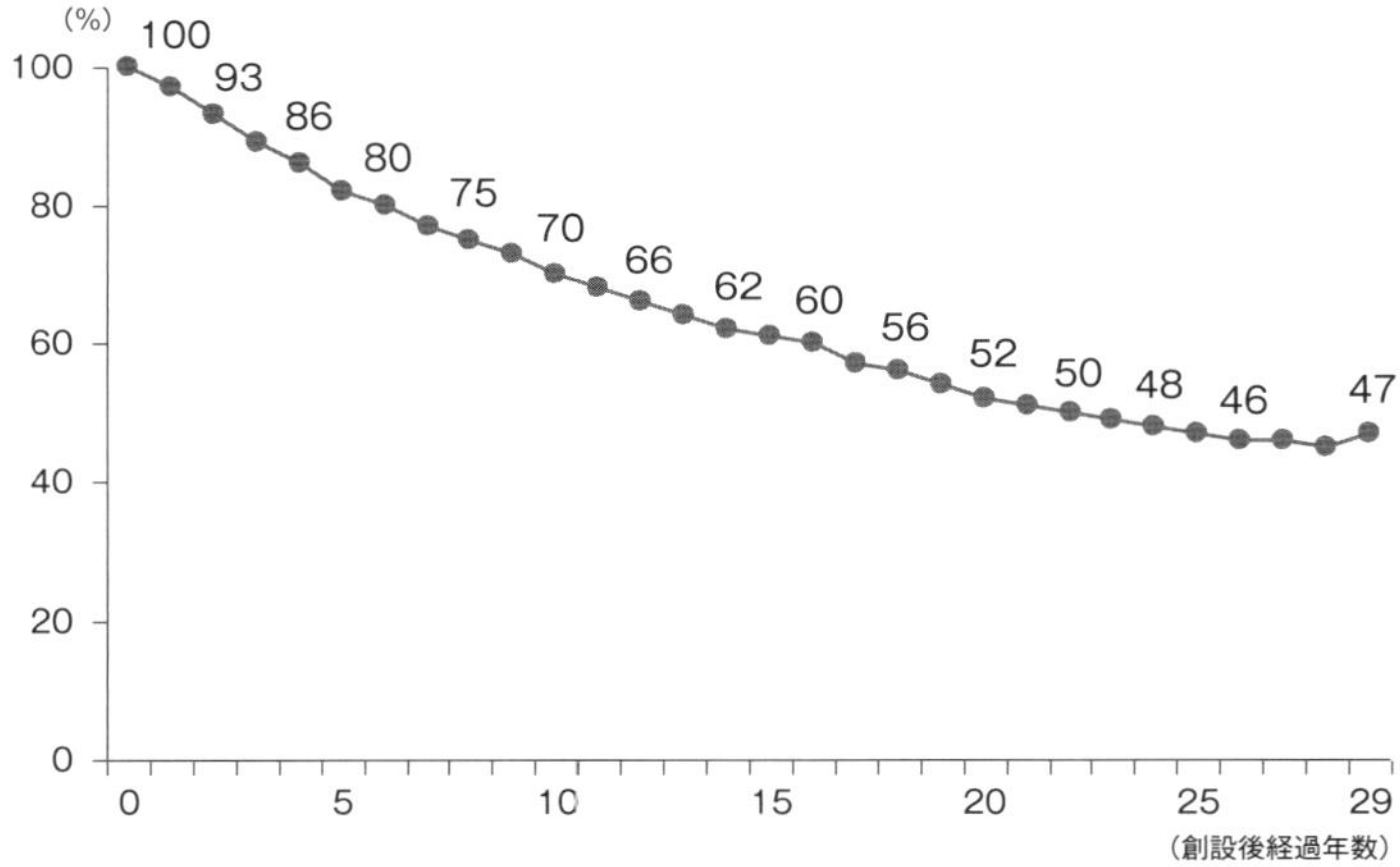


注：(株) 帝国データバンク「COSMOS2企業概要ファイル」再編加工。創設時からデータベースに企業情報が収録されている企業のみで集計。1980 ～ 2009年に創設した企業の経過年数別生存率の平均値をとった。
出所：中小企業庁「中小企業白書2011」

10年間で70％の企業が残っているという事実は一般的に思われているほど低くはないという感覚ではないだろうか。

　国内外問わず、メディアでの報道などを見ると、ベンチャービジネスの旗手と言われるのは、若い人が会社を創業し大きく成長させて上場したケースが多い。日本では、楽天の三木谷浩史氏、サイバーエージェントの藤田晋氏、リブセンスの村上太一氏（19歳で創業）、メルカリの山田進太郎氏などが挙げられる。またアメリカでは、フェイスブックのマーク・ザッカーバーグ氏（19歳で創業）、グーグルのラリー・ペイジ氏、古くはマイクロソフトのビル・ゲイツ氏、アップルコンピュータのスティーブ・ジョブズ氏などが挙げられる。いずれも20代・30代で創業している。

しかし、起業は若い人だけのものではないという事実もある。例えば、本田宗一郎氏が本田技研工業を創業したのは42歳、森泰吉郎氏は森ビルを55歳で設立した。国外に目を向けると、レイ・クロック氏がマクドナルド1号店を開店し、事実上創業したのは52歳のときであり、ＩＢＭ創業者のチャールズ・フリント氏にいたっては61歳での創業である。

統計的にも見てみよう。日本政策金融公庫総合研究所が２０１６年に行ったアンケート調査によると、日本での起業時の年齢は２０１６年時点で最も多い年齢層が30歳代の35・３％、次が40歳代の34・５％、29歳以下は７・１％に過ぎず、逆に50歳代以上は実に23・１％（うち60歳以上は６・２％）にのぼる。[1)] 全体の平均年齢は42・５歳である。こうしてみると起業は若年層が中心ではなく、意外にも中年層がボリュームゾーンであることがわかる。

「脱サラ」という言葉があるが、ビジネスパーソンとして一定期間の経験を積み、自分らしく生きたい、自分のやりたいことをやりたい、生きた証としてこんなことをやりたい、など自らの意思を貫くためという起業をする層がある。また、現状の環境に不満があり、一念発起して起業する層もある。いずれの場合にも、自分の持つ人脈やビジネス経験がある程度、蓄積されることが起業への自信と結果創出の要因になっているようである。人生１００年時代を迎えるにあたり、今後の起業の平均年齢がもっと高くなることが予想される。

別の観点として、起業は能力の優れた人物が行うことであり、普通の人にはできないことであるという考えを持っている人も少なくないだろう。マスコミの取り上げる人を見ても、起業して成功した人の話等を見聞きすると、苦労をしていたとしても非常に能力のありそうな人に感じられるだろう。では、一体、現実的には日本では年間、新たに会社や事業所がどれだけ設立されているのだろうか。２０１５年度だけで約10万事業所が新たに設立されている。すなわち、何らかの形で約10万人が起業していることになる。例えば、司法試験合格者数は毎年１５００人前後、公認会計士試験合格者数は１０００人前後であることと比較すると、60～１００倍の人が起業家になっている。起業は特殊事象ではなく、むしろ経済活動の中で一般的にみられる事象として捉えたほうが実態に即しているように考えられる。

## 2　起業の類型

アメリカと比較して起業率が低いと思われる日本であるが、もちろん起業して有名になっている人もいる。ソフトバンクグループの孫正義氏、日本電産の永守重信氏、ニトリホールディングスの似鳥昭雄氏、ディー・エヌ・エーの南場智子氏、ライフネット生命保険の出口治明氏、岩瀬大輔氏、ユーグレナの出雲充氏ほか、数多く挙げることが可能である。

起業が成功する理由としてさまざまなことが挙げられる。例えば、

・大きな市場になる前に、先駆けて市場に参入した
・うまく差別化ができた
・ＩＴなど新しい技術を活用した
・将来の成長市場・分野を見つけ事業創造した
・初期によいチームを組織できた
・強烈なパッション、事業に対する熱い思いがあった
・経営者が以前経験した挫折をうまく活用した

成功している起業の事例を、事業戦略の観点からより具体的に要因分析すると、以下の３つのパターンを挙げることができる。

（1）特徴的な新技術で参入
（2）すでに存在する技術要素の組み合わせで参入
（3）ビジネスモデルの構成要素を変え、提供価値を転換し参入

例えば、先述したユーグレナ社は、ミドリムシの持つ要素を、既存の市場（食品や燃料など）に適用させて事業創造に成功した（1）の例である。ミドリムシは体内にさまざまな栄養素を保有し

ている。出雲氏は、その栄養素を抽出し、食品などに活用するとビジネスになるのではないか、効率的にミドリムシを培養すれば事業として成り立つのではないかと発想し、2005年にユーグレナを立ち上げた。事業の飛躍となった1つの事案が、新日本石油および日立プラントテクノロジーとのバイオジェット燃料の共同開発である。また、CO2削減プロジェクトにもユーグレナのミドリムシに関する技術が活用できることが注目を集め、下水処理に関する共同技術開発も進められる。いずれもユーグレナが開発したミドリムシの大量培養という特徴的な技術に環境問題という顕在化しているニーズがマッチして事業が大きく飛躍した。

（2）の事例に当てはまるのが、オンライン英会話サービスを展開するレアジョブである。同社は「25分129円から」というこれまでにない安価な英会話スクールサービスをインターネット上で提供している。語学を学びたいというニーズに対し、ネットと途上国の人材を掛け合わせることで、安価なサービスを実現した。既存の要素の組み合わせで参入し、成功した例と言える。同社が設立されたのは2007年であり、英会話スクールとしては後発である。後発にもかかわらず、なぜ大きな成長を遂げることができたのか。それは、まじめ・フォーマルに英会話を学ぶ人だけをターゲットにするのではなく、カジュアルに英会話を学ぶ人もターゲットにしたという点である。日本には、中学校で学ぶ程度の英語力を持つ人が大量に存在している需要サイド、日本でいうと東京大学に相当するフィリピン大学の学生が英会話の講師として活用できるという供給サイドの背景があった。さらに、インターネット回線の高速化が急速に進んだことでオンラインで需要と供給をつなぎ、サービス展開に必要となるインフラが整った。こうした要因によってレアジョブの事業が立ち上がったが、それぞれの要因は同社が新たに創り出したのではなく、いずれも既に存在していたものである。レアジョブは誰も行わなかったそれらの要素の組み合わせを実現したことが新しい。

理容店のＱＢハウスを展開するキュービーネットは、これまで散髪で常識とされていたトリートメントや髭剃りなどのサービスを取り除くなど徹底的にプロセスを見直すことで、常識を覆す価格と時間でサービスを提供した。（３）のビジネスモデルの構成要素を変えることで既存市場で提供価値を転換した例である。通常の理容店のサービスは、カット、シャンプー、髭剃りが基本サービスパッケージとなっており、中には、肩もみや担当者の指名サービスなど付加的なサービスを提供するところもある。それに対してＱＢハウスは10分１０８０円という価格にするために、あらゆるものをそぎ落としたサービスを提供した。予約、担当者指名、シャンプー、髭剃りをとりやめ、自動発券機の設置によりお金の受け渡しもなくした。待ち時間を表すシグナルライト、切った髪を吸引するためのエアウォッシャーを導入し、カットのみに専念した。このような徹底的な効率化により低価格・迅速サービスを提供するビジネスモデルを構築することで既存市場での提供価値の転換に成功したのである。

## 起業率の国際比較

各国の起業活動率*（TEA）

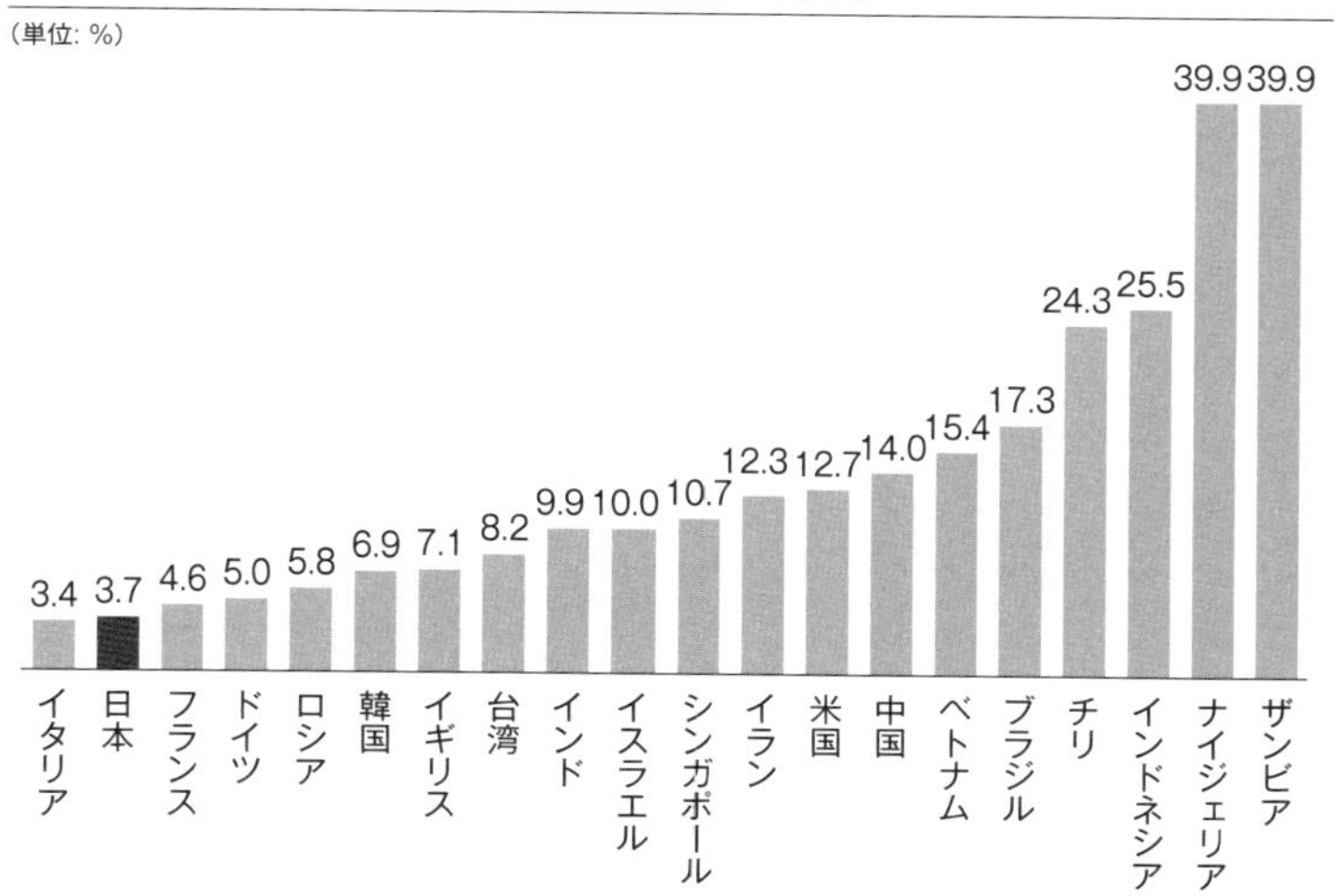


注：*起業活動率（TEA、Total Entrepreneurship Activity）とは、起業の準備を始めている人及び創業後3.5年未満の企業を経営している人の18 ～ 64歳人口100人あたりの比率

出所：一般財団法人ベンチャーエンタープライズセンター「平成25年起業家精神に関する調査（GEM）」2014年

### 3　起業の日米比較

日本は諸外国と比較して起業する率が低いのではないかという意見があるが、これはデータでも裏付けられる事実である。ベンチャーエンタープライズセンターの調査によると、起業活動率、つまり18歳～64歳の人口100人の中に「起業の準備を始めている人および創業後3年半未満の企業を経営している人」が何人いるのかを計算した起業家の比率で国別統計を計算したところ、アメリカの12・

7%に対して日本の起業活動率はイタリアに次いで低く3・7%であり、アメリカの3分の1以下の水準である（2012年）。開業率（ある期間において、新規開業した企業の数の、期間当初の企業数に対する割合）の数値で見ると、アメリカの9・3%に対して日本は4・5%に過ぎず、開業率でもアメリカの半分となっている（2011年）[2]。

日本が、アメリカほど起業が活発ではない理由はいくつかある。日本人の気質にその説明要因を求める人もいれば、起業を取り巻く制度や環境を要因にあげる人もいる。ここでは起業を取り巻く制度や環境の視点から見てみることにする。

まず日米間の大きな違いの1つが起業へのインセンティブである。具体的にはエグジットの幅の違いである。アメリカでは株式市場に上場するベンチャー企業もあるが、むしろ、大企業などに売却することによってエグジットを実現するほうが圧倒的に多い。VCから出資を受けたベンチャー企業のエグジットについて日米比較をみると、アメリカでは2016年のIPO件数は37だったのに対し、M&A件数は687と全体の95%を占める[3]。日本では、2017年実績でIPO件数が90件に対し、M&Aは49件であり[4]、IPOの比率はアメリカと比較してかなり高いことがわかる。なぜ日本ではベンチャー企業が売却ではなく、株式上場を目指すのか、という点に関し、考察してみたい。

買い手となる日本の大企業はアメリカの大企業ほど、ベンチャー企業の価値を評価することに慣れていない。例えば、会社が設立からまだ6カ月の企業で売上も利益も急速に拡大している成長企業の企業価値評価の経験・ノウハウがなければ、買収価格の設定は難しい。コンサルティング会社などに企業価値評価を依頼して価格算定をするのが一般的だが、買収企業側の内部の議論で果たして対象会社は実際に成長が続くのか、自社に大きなメリットをもたらすのか、など買い手サイドの企業での意思決定は容易ではない。リスクを回避する傾向にある企業では、このような場合、投資意思決定の段階で買収が否決されてしまう。他方、アメリカではシスコのA&D（Acquisition & Development）戦略などでも見てとれるとおり、大企業によるベンチャー企業の買収は数多く行われている。伸び盛りのベンチャー企業が持つ技術を組込んで、自社の商品・サービス開発をする、という事業成長のさせ方がアメリカ企業では1つの手法になっている。

一方、株式市場の観点から見ると、日本では東証マザーズなどベンチャー企業の上場基準がアメリカと比較して緩やかであることも一因だと思われる。東証マザーズは、東証一部へのステップアップを目指す成長企業に向けた市場であるため、上場基準が他の市場ほど厳格ではない。一方、アメリカでは２００２年にサーベンス・オクスリー法（企業改革法、ＳＯＸ法）などの規制が強化され、上場までの期間が長くなる傾向にある。アメリカ企業の上場までの期間は、２０００年頃まで3年程度だったのが、２０１６年には約8年となっている。[5] それを物語るようにユニコーン企業の数はアメリカが圧倒的に多い。ユニコーン企業とは、評価額が10億ドル以上の未上場のベンチャー企業を指し、その希少性から想像上の動物であるユニコーンにちなんで名づけられている。CB Insightsの統計では、２０１８年5月時点で２３５社のユニコーン企業が世界に存在し、うち

114社（48・5％）をアメリカ企業が占めているのに対し、日本はわずか2社（プリファードネットワークスとメルカリ）[6]にとどまる。[7]

起業を促す仕組みも大きく異なる。アメリカでは、ベンチャー企業の資金調達はエンジェル投資家やアクセラレーター、ベンチャーキャピタルなどさまざまな投資家が存在し、ベンチャーのどの段階で資金を提供するかの役割も異なる。さらに、ベンチャーに人材を提供する人材紹介会社、ノウハウを提供するコンサルタント、ビジネスマッチングをするインキュベーターなどが存在している。それに対して、日本ではエンジェル投資家やアクセラレーターは増えつつあるものの、その層は依然として薄い。

ベンチャー投資実行額を見ても、米国は7兆1475億円であり、日本の1302億円（2015年）と比べものにならないほど大きい。アメリカ、特にシリコンバレーでは、できるだけ創業後の初期の段階（アーリーステージ）で有望企業に資金を提供することを多くのベンチャーキャピタルが標榜しているが、日本ではレイターステージと呼ばれるほぼ上場することが見込める段階での投資が現状では多い。

起業前の環境に加え、起業後の成否についても日米間では起業家がおかれる環境は異なる。特に、起業家が事業を失敗したときのセーフティに関する考え方や実態が大きく異なっている。事業の失敗に対する許容については日米では大きなかい離がある。例えば、アメリカでは創業して失敗したとしても、それはプラスに評価される場合が多い。「起業が一流、企業は二流」という意識が

## 地域別ベンチャー投資比較

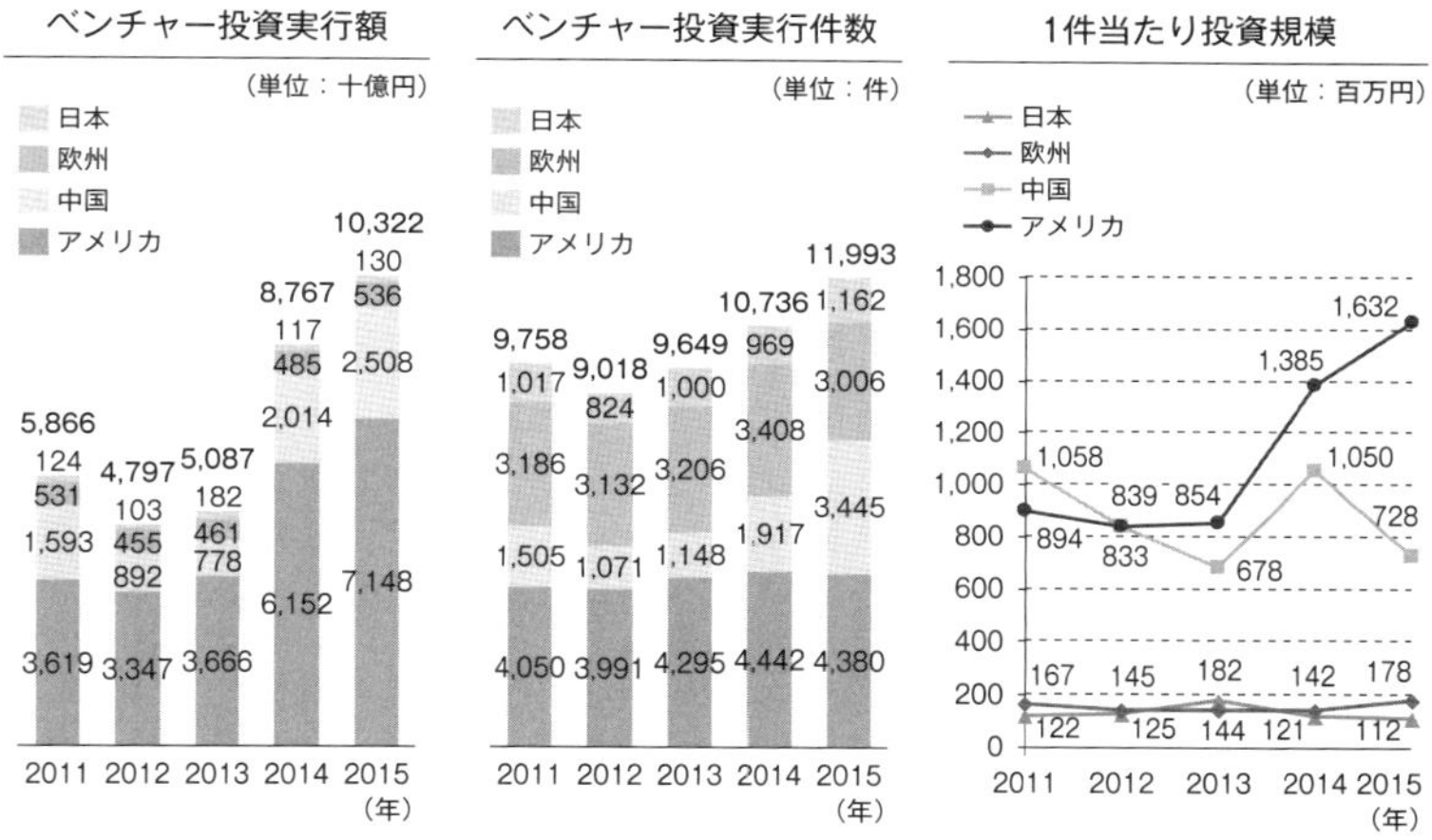


注：欧州に関しては、投資件数ではなく投資先社数
出所：一般財団法人ベンチャーエンタープライズセンター「ベンチャー白書2016」

強い。それに対して日本の場合は大企業を辞めて起業すると、新しいことに挑戦することへの評価よりも「そんなリスクを冒して」と、大企業を離れることがリスクのように捉えられる風土が今尚ある。実際に事業に失敗すると、失敗者の烙印を押され、能力がないのではないかと、再就職にも影響が出る場合もある。ベンチャー企業に対しての投資環境が米国に比して厳しい日本では、初期の資金調達元が身内・身近から行われることが多い。そのような場合、自らの貯蓄をはたき、身内や身近な人へ自らの人間関係を担保に資金を出してもらうことになる。大きな事業構想と夢で資金を集めるが、失敗するとそれが「大風呂敷」、「大ウソつき」になり、人間関係にまで影響

## 日米の起業を取り巻く環境の違い

| | | | 日本 | | アメリカ |
|---|---|---|---|---|---|
| 起業前の環境 | 起業のインセンティブ | EXITの幅 | ■ほとんどがIPO<br>■大企業はベンチャー買収には消極的 | ⟷ | ■IPO、バイアウトなど豊富<br>■大企業はベンチャー買収に積極的 |
| 起業前の環境 | 起業準備 | 資金調達 | ■資金調達の手段が少ない | ⟷ | ■借入以外も出資など手段豊富 |
| 起業前の環境 | 起業準備 | 準備プロセス | ■カスタマイズに対応しがちで、非コア業務が多い | ⟷ | ■フォーマットがあり、効率的に進められる |
| 起業後の環境 | 失敗したときのセーフティ | 失敗への反応 | ■ネガティブ<br>―失敗すると就職に不利 | ⟷ | ■ポジティブ<br>―挑戦したことへの高評価 |
| 起業後の環境 | 失敗したときのセーフティ | 人材流動性 | ■低い | ⟷ | ■高い |
| 起業後の環境 | 失敗したときのセーフティ | 責任の範囲 | ■個人資産を担保に入れることもあり、法人≒個人の場合も多い | ⟷ | ■法人の責任は個人からは明確に分けられている |

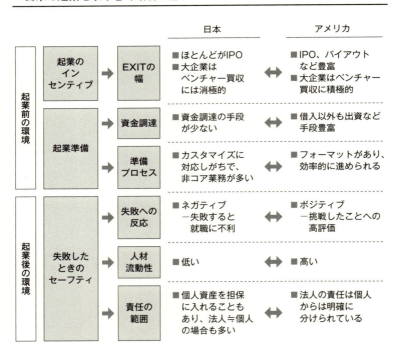

を及ぼす場合もある。

実際の責任の範囲も異なる。アメリカでは法人の責任を個人がとることはなく、株式という有限責任の原則が貫かれている。しかし日本の場合、創業した企業の信用の代わりに創業者が個人の資産を担保にして資金調達を迫られることもあり、倒産した場合には、創業者は自身の個人資産までも喪失してしまう。これは創業者の再チャレンジの妨げにもなる。労働市場の流動性も大いに問題である。アメリカでは、労働市場が流動的であり、起業した企業で働いている従業員はたとえ働いている企業が倒産したとしても、別の企業で労働の機会を得やすい。それに対して日本では、倒産した会社で働いていたというレッテルを貼られ、再就職の妨げになることも多い。

このように日米間で起業前および起業後の創業を取り巻く環境を比較すると、日本でも徐々に環境は整いつつあるが、依然として未整備ないしは未成熟な部分は大きい。米国の起業をとりまくエコシステムについては第7章でさらに詳細にまとめた。


【注】
1）日本政策金融金庫総合研究所、２０１６年新規開業実態調査
2）厚生労働省、「雇用保険事業年報」平成23年度
U.S. Small Business Administration "The Small Business Economy", 2012
3）National Venture Capital Association, NVCA 2017 Yearbook
4）レコフデータ

5）Dow Jones Venture Source,米証券取引委員会
6）メルカリは、２０１８年６月19日、東証マザーズ市場に上場
7）CB Insights, "The Global Unicorn Club - Current Private Companies Valued At $1B+" May,2018

# chapter 6

# 起業のステージ

## 1 成長への関門

ゼロから起業して、事業が立ち上がり、波に乗り、社会でのプレゼンスが高まり、その結果、株式市場に上場するというのが起業の成功ストーリーと捉えるのであれば、このプロセスを「スタートアップ」、「ベンチャー」、「グロース（成長）」の3段階に分けて考えることができる。

一般論であるが、企業規模で言うと「スタートアップ企業」は起業（売上ゼロ）から年商が2～3億円まで、次の「ベンチャー企業」の段階では、売上が数億円から10億円程度にまで拡大する段階である。そして第3のステージの「グロース企業」は売上が10億円程度から100億円であり、この過程では株式公開が十分に可能になってくる。

ただし、これらの3つのそれぞれのステージでは、起業した人が直面する異なる関門がいくつかある。概論だけここで触れると、スタートアップ段階での関門は、会社を設立することそのものであり、初期の顧客を見つけて初期の売上・利益を実現することである。ベンチャー段階の関門は〝ヒト・モノ・カネ〟といった経営資源を充実させ、より多くの顧客を獲得し、売上・利益をさらに拡大させていけるかが関門となってくる。スタートアップ時の事業コンセプトは優れていたが、結局事業としては拡大することなく終了してしまったベンチャー企業は、この段階の関門を突破できなかったのである。そして成長企業のステージに入ると、さまざまな点で組織化およびシステム化を進め、幾何級数的な規模の拡大を実現できるような確固たる事業モデルの確立が肝となる。

以下では、各段階に存在する関門の具体例と突破方法を検討していく。

## 2　スタートアップ段階

起業したいと思っても、自分自身でも二の足を踏むだろうし、周りに「起業したい」と言うと「大丈夫か」と聞かれることが多い。これは起業にはリスクがつきものだと体感値で知っているからである。そのリスクが由来している要因を挙げてみる。

(1) よい事業アイデアが思い浮かばない
(2) 事業アイデアが本当に競争力のあるものかどうかがわからない
(3) 事業アイデアをどのようにして伸ばしていくかがわからない
(4) ヒトがいない
(5) カネがない
(6) 時間がない
(7) 顧客にリーチする手立てがない
(8) 事業を拡大していくためのネットワークがない

## 起業のために必要な3つのこと

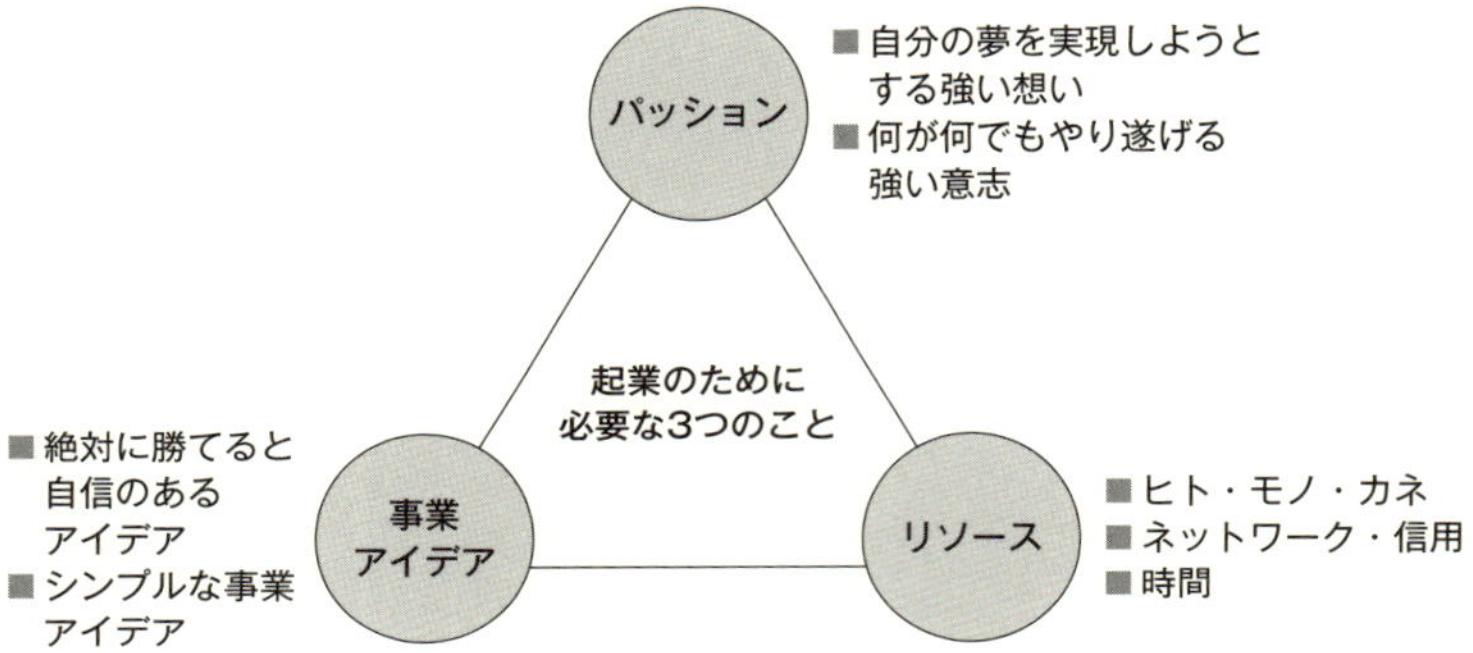


(9) 投入した私財を失うかもしれない
(10) 自分の事業アイデアに自信が持てない
(11) 続けられる自信がない

以上は、起業に関し相談を受けた人たちから聞かれた代表的な声である。(1)~(3)は事業アイデア、(4)~(8)はリソース、(9)~(11)はパッションという3つの要素に分類される。起業にはこの3つの要素が十分にあるかが大事になる。

**事業アイデア**

「事業アイデア」をどこで見つけたのか、考えたのかについて、いくつか例を挙げてみたい。セコムを創業した飯田亮氏は「ヨーロッパには警備を業務とする会社がある」との話を聞き、「日本でも民間企業がそのようなサービスを提供してもいいのではないか」と考え、創業したと言われている。電子請求システムのサービスを提供するインフォマートを設立した村上勝照氏は、1990年代後半に普及しつつあったインターネットは必ず事業のインフラになると信じ、自分が好きな食の領域で事業を始めようと起業した。レノバを立ち上げた木南陽介氏は「企業の環境問題を解決する」という使命の下で創業、ライフネット生命を立ち上げた岩瀬大輔氏は莫大な生命保険市場にネット生保のプレイヤーはおらず、今後ネット販売が主流になる中で生命保険もネットで販売されるだろう、という考えで創業している。

インフォマートやライフネット生命は「①成長市場をきちんと捉えたこと」、セコムは「②日本にはまだないものを作り上げたこと」、レノバは利益優先で考えるのではなく「③社会の課題を解決すること」が事業化の着眼点となっている。「今のアイデアが本当に優れたものかどうかはわからない」と感じていても、自分の持っている事業アイデアが上記のどれかに該当するのであれば、まずは事業アイデアに自信を持ち、事業化の推進の余地があると考えてみてほしい。

**リソース**

起業にあたっての2つ目の課題は、「リソース」不足への対応である。無名の会社に好んで入社を希望する人は少ない。カネは自分の手持ち資金ないしは友人からかき集めたもので賄っているので慢性的に不足している。会社としての信用やネットワークは皆無の状態であり、銀行からの借入金で手元流動性を確保することも難しい。時間も人も不足している中、営業活動を社長自身が行い、会議を朝早くから開始し、日中はお客様のためにすべての時間を投入する。経理の数値入力などの業務処理のための時間なども確保しなければならず、帰宅は夜遅い。

うまくいっている会社を見ると、一人で起業するのではなくチームで起業したり、立ち上がり直後は一人であっても早期に複数の人を巻き込んだ会社が多くあることに気づく。起業当初からチームだった例は数多くある。例えば、アップルコンピュータはスティーブ・ジョブズ氏とスティーブ・ウォズニアック氏、マイクロソフトもビル・ゲイツ氏とポール・アレン氏、グーグルはラリー・ペイジ氏とセルゲイ・ブリン氏の2人で創業している。日本に目を転じると、ソニーは井深大氏と盛田昭夫氏、最近上場した企業の例では、レノバは木南陽介氏と辻本大輔氏、ユーザベースは梅田優祐氏と新野良介氏、稲垣裕介氏などの例がある。創業から一緒でなくても、日本M&Aセンターでは分林保弘氏、三宅卓氏という会長・社長のチームが長い間成長を牽引してきた。料理教室のABCクッキングの横井啓介氏・志村なるみ氏、未上場ながら急成長中のオープンループの駒井滋氏、椿松修氏も長年二人三脚で経営している。日本を代表する国内大手の法律事務所が、複数の創業者の苗字やアルファベットを冠した事務所名になっているのも、偶然ではない。

創業者は強い思いを持っているが万能ではない。複数人になるとベクトル合わせが重要になるが、創業メンバーがそれぞれの特性や能力を持っている場合、一人で起業するよりも負担は減る。一人では持てないようなネットワークも構築でき、それが資金調達や顧客の獲得につながる可能性もある。リソースにまつわるリスクはチームで起業することで低減することが可能である。アメリカのベンチャーキャピタルは優秀な経営者に投資するのではなく、優秀なチームを見極め投資をしている。また、そのようなチームが構築できていない会社には人材調達に積極的に介入し、強いチームをつくることを手助けしている。

### パッション

第3のポイントは「パッション」である。起業には怖さが付きまとうのではないかと考える人もいるが、意外にも成功した起業家の中で起業することに怖さの感覚を強く持っていた人物はあまり見当たらない。むしろ、起業家はエネルギーとなる強い信念やパッションを持っている場合が多い。千本倖生氏は、NTTを辞めて第二電電（DDI、のちのKDDI）を創業した際、日本には国力向上のためにも新しい通信キャリアが必要だという強い信念を持っていた。同じ通信分野でも、日本通信の三田聖二氏は、旧電電系しか携帯電話会社がないのはおかしいという信念で創業している。UTグループの若山陽一氏は青年期にバイク事故にあい、4日間生死の狭間をさまよい、世の中に認められよう、生きた証を残そうと思い起業に至ったと語っている。自分の夢を実現しようとする強い思いや何が何でもやり遂げる強い意志が起業のハードルを越える後押しをしている。パッションは第三者から調達するものではなく、内部から沸き起こっている魂である。起業の機が熟しているのかどうかは、起業家のパッションの大きさ、強烈さによる。

## 3 ベンチャーステージ

経済産業省が実施したベンチャー企業に対するアンケートでは、ベンチャー企業が経営危機に陥る原因として「経営管理能力の欠如」を挙げた企業が83社中35社にのぼり、第1の原因となっている。これは、2位の「商品・マーケティング戦略ミス」や3位の「市場環境の悪化」といった事業関連の原因より上回っている。事業の方向性の正しさよりも、経営管理の巧拙が経営危機と関係しているのは興味深い。商品や市場など事業上の問題ではなく、経営管理能力といった人や資金に関わる問題がより大きく経営に影響を及ぼすということである。実際、人的問題が経営に影をおとし、倒産に追い込まれるケースは少なからず見受けられる。立ち上がったばかりの会社とはいえ、経営的な側面が足を引っ張ることも多く、事業と経営は常に両輪で考えなければならないということである。

多くのベンチャー企業を支援してきた中で、成功してきたベンチャーには次の5つの要素があると考えている。①常にチームのベクトルを合わせる努力をしていること、②仮に起業した事業と違っていても、より事業性のある領域にピボットしていること、③大企業など、規模が見込める客先を早期に得られていること、④何らかの形で先人のサポートを得られていること、そして⑤マーケティング活動を先行的に、自前で実施していることである。

## ベンチャー企業失敗の原因

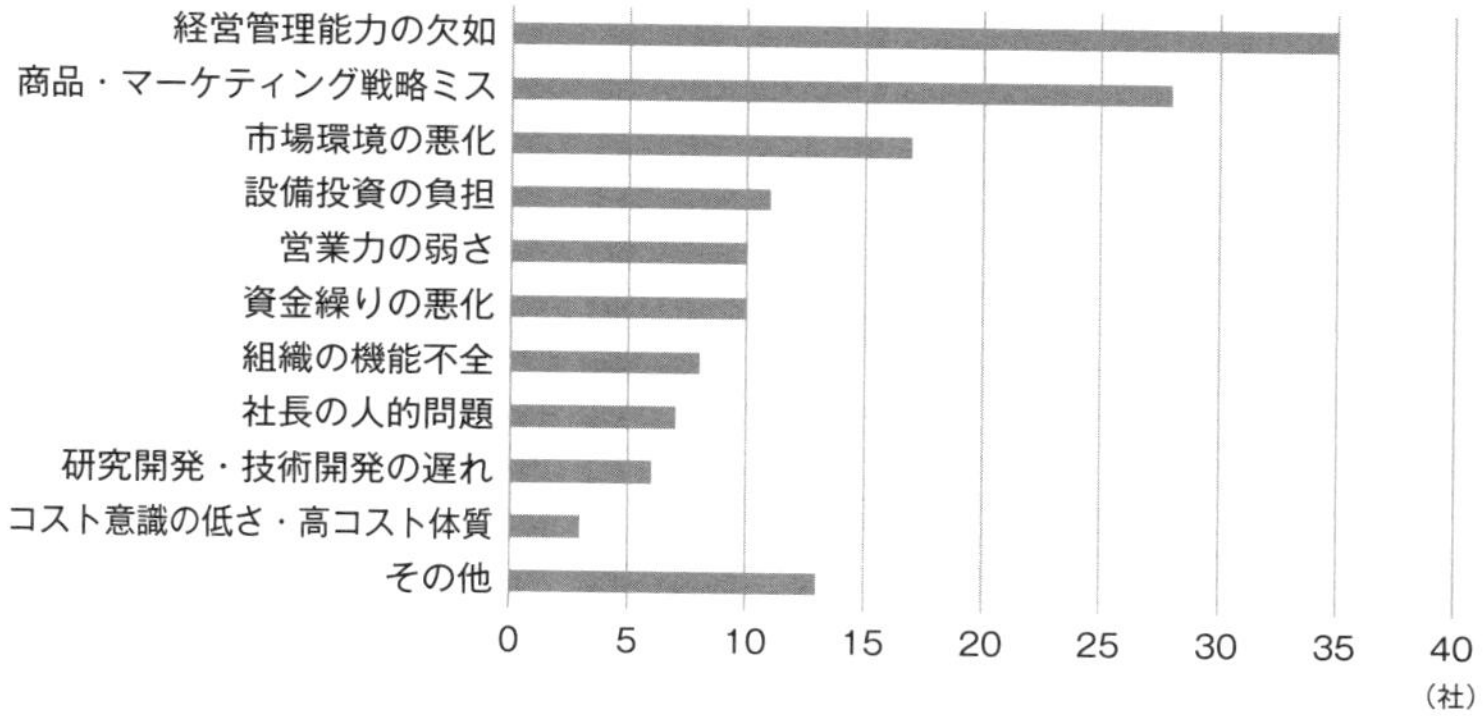


出所：ベンチャー企業の経営危機データベース～83社に学ぶつまずきの教訓～　経済産業省　2007年

### ①チームのベクトルを合わせる努力

事業は一人ではできない。必ずチームをつくらなければならない。創業者自身は、強い情熱を持って事業を始める。ただし事業が立ち上がるにつれ、サポートが必要になる。その際、創業起業家と同じような気持ちで事業を一緒に進める人物がいるかいないかで、成長スピードは大きく変わる。創業者に対する信用などもあり、配偶者、家族、親戚、元同僚、元同級生などがこの段階で参画する場合が少なくないが、ベクトルが合わせやすいという観点においては有効だろう。多様性は必要だが、最初の立ち上げフェーズでは、多様性よりも同質性のほうが効率がよい。参画しているメンバーが同じ方向を見ていないと、事業が立ち上がるまでに時間がかかる。立ち上げに時間がかかれば、売上が立つのも遅くなり、調達した資金が減り続け、資金繰りに窮することになる。経験上、創業期から就業規則をつくった

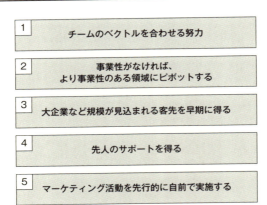

## ベンチャーの成否を分ける５つの要素

| | |
|---|---|
| 1 | チームのベクトルを合わせる努力 |
| 2 | 事業性がなければ、<br>より事業性のある領域にピボットする |
| 3 | 大企業など規模が見込まれる客先を早期に得る |
| 4 | 先人のサポートを得る |
| 5 | マーケティング活動を先行的に自前で実施する |

り、経営理念を毎日唱和したり、寝食を共にしたり、定期的にこまめに合宿したりしている会社のほうが、早期に立ち上がる可能性が高い。

参画しているメンバーがチームとして同じ方向を見ながら、１つの目標に進んでいる状態を生み出す必要があるが、起業する前に会社で組織を束ねた経験のある人が起業する場合には、比較的うまく進めることができる。逆に、社会経験が少なく、若いうちに起業した人は、斬新なアイデア先行で事を進めてしまいがちで、このベクトル合わせに苦労することが多い。

ある程度の規模に会社が達してくると、多様性のある人材を取り入れることは事業の多様化やスピードアップに有効である。その状況になる頃には、社員のベクトルを合わせるための仕組みが必須になる。具体的に言うと、経営理念、ビジョン、事業目的、運営方針、行動指針、大事にする価値観などの可視化・体系化・整備である。クレドやミッションステートメントなどと呼ばれる場合もある。ここでは、これらをまとめて、MVV（Mission、Vision、Value）と呼ぶことにする。組織として社員を1つの方向性にベクトルを合わせるためには、ハード面での戦略（＝事業計画）とソフト面のツール（＝MVV）が必須である。さらに、それをうまく運営展開するための経営管理インフラを備えていくことも大切である。個人のパーソナリティを尊重しつつも、組織としての憲法・各種ルール・考え方にあたるのがMVVであり、基準・手順・プロトコルが経営管理インフラである。

そのようなものの整備があると、新しく入社した者もそれに沿った行動をとることができる。社員の目指す方向も明確になり、仕事の進め方が標準化し、事業を加速する力となる。また、会社の規模が大きくなるとともに、組織運営の効率性を高めるためにも、販売、開発、管理など、機能別の職務に社員を配置することになる。機能が分化した組織でチームのベクトルを合わせるためには、職務記述書などを作成することで各機能の役割を明確にし、組織全体が抜け漏れなく連動する仕組みをつくることが重要である。

### ②より事業性のある領域にピボットする

事業を成功させる秘訣の2つ目が、事業性のある領域にピボットすることである。ピボットはスポーツのバスケットで使われる言葉で、片足を固定し、もう片足をいろいろなところに着地しようとする「回転軸」を意味するが、近年は企業経営における「方向転換」や「路線変更」を表す用語として、広く用いられている。起業を志した人であれば、自身のビジネスアイデアに対しては自信を持っていなければスタートしないが、成功するためには柔軟にピボットしていくことも大事である。成長の過程で大きく方向転換した会社も少なくない。

実際に、大企業の中にも創業時の事業の延長線上ではなく、本格的な立ち上がりまでに事業モデルを抜本的に変えた会社も多い。例えば、現在では世界的なゲーム会社になった任天堂も事業モデルを変えたことで成功した。任天堂は、1889年の創業から娯楽に関するさまざまな事業を展開し、1970年代後期から家庭用や業務用のコンピュータゲーム機の開発を開始するまでは、花札やトランプの製造会社という位置づけであった。その後、1983年発売の家庭用ゲーム機「ファミリーコンピューター」の世界的なヒットにより広く認知されるようになり、現在の地位を築いている。任天堂の売上・企業価値が上がったのもゲーム事業に参入してからである。最近の事例でも、通販化粧品大手のDHCは1972年の創業時から大学の研究室を相手に洋書の翻訳委託業を行っており、その後基礎化粧品の通信販売事業を開始した。代替エネルギーの旗手になりつつあるレノバは、もともとはリサイクル事業を営んでおり、その後、カーボンオフセットなどの事業に拡げ、太陽光・代替エネルギーに展開していった。環境という事業ドメインの中でピボットして立ち上がった例である。中小企業でも、福岡・大名にある料亭稚加榮は、大きな生け簀が店の真ん中にあり、玄界灘で獲れた活きた魚を捌いて調理してもらえる人気店であるが、創業時は鳥料理店を営んでいた。

欧米においても同様の事例は見られ、現在成功している先進企業の多くも、起業当初の事業からピボットして成長してきた。例えば、フィンランドのノキアは、１９８０年代に携帯電話端末に本格参入するまでに、長靴などのゴム製品、テレビ受像機、パーソナルコンピュータなどさまざまなものを製造していた。携帯電話事業で世界有数のシェアを誇っていたが、２０１４年には携帯電話事業をマイクロソフトに売却し、主力事業はネットワーク製品に移っている。なお、ノキアの長靴部門は独立し、ノキアフットウェアが現在もゴム長靴の製造・販売を継続している。企業が事業転換する理由はさまざまであるが、より事業性のある方向に柔軟に転換することもベンチャー企業が成功する上では重要な要素である。

### ③規模が見込まれる客先を早期に得る

客先を早期に得ることは当たり前であるのだが、その後、規模が見込まれる客を早期に見出せることは、より理想的な姿である。特に法人向け・ＢｔｏＢの事業を手掛けるベンチャー会社は、大企業など将来の売上の核となる顧客をベンチャー段階で獲得できると心強い。大企業を顧客として獲得するメリットは直近の売上高以外に３つある。初受注以降の他部門・子会社などへの展開による事業の広がりが見込まれること。大企業と関わりのある他社と切磋琢磨することで、サービスレベルの向上に大きく寄与すること。さらに、大企業が顧客リストにあることで、ベンチャー企業の信用供与の役割を果たし、将来の新規顧客もより獲得しやすくなることである。

実際、そのような「大企業の懐」を借りて成功している例も少なくない。例えば、クリティカルシンキングやパワフルコミュニケーションなどに関する研修サービスを展開しているプレセナは、トヨタ自動車グループで多くの研修実績を持っている。同社創業者である高田貴久氏も、顧客基盤の拡大を実現するためにもベンチャー企業が戦略的な営業を行うことを奨励している。名刺をクラウド上で管理し、社内で共有するSansanのサービスは、リリース当初は、名刺をクラウドに上げることに抵抗感を持つ顧客が多かった。しかし、導入実績が、旭硝子、トヨタ、三井物産などと大企業が増えてくると、「むしろ、やらないほうがおかしい」という流れに変わっていった。中小企業の数で顧客数を稼いでいく方針もあったものと思われるが、戦略的に大企業をターゲットとすることで、その後の受注を加速することに成功した。同様に、人材派遣・業務請負分野で急成長を続けているUTホールディングスはパナソニック、IT・システムでユニークなポジションをとっている日本ビジネスシステムズは三菱総合研究所、食のマーケットプレイス構築からスタートしたインフォマートは伊勢丹といったように、創業初期の段階で大企業を顧客としてつかみ、事業成長を加速させることに成功した企業は多く存在する。

意外と思われるかもしれないが、日本では、名前を知らないからというだけで取引対象から排除する大企業は比較的少なく、むしろベンチャー企業にチャンスを与えてくれる場合が多い。経験談でもあるが、大企業でも、役職が上になればなるほど、また結果を出している人であればあるほど、まだまだよちよち歩きのベンチャー企業との付き合いの可能性にも柔軟で、寛大である。ただし、そのときの判断材料になっているのが、当該社のＯＢや他社にいても信頼のある方からの紹介や推薦があることと、ベンチャー企業が提供する本質的な付加価値の明確さである。ベンチャー企業側はそのチャンスをきちんとつかめるかどうかが問われる。リソースのないベンチャー企業だからこそ、目線を上げて、初期の段階で戦略的に大手企業の顧客を獲得し、信用を高めるのが有効である。その際に、最初から売上高や利益の大きさにこだわるのではなく、受注実績を持つことを優先課題として取り組むのがよい。事業を興す際は、リソースもなければ、実績もなく、ないものだらけの状態で、あるのは情熱とアイデアだけといった状況である。ないものの中でも、ベンチャー企業は実績が少なく、実は信用が一番ない。信用を与えてくれるような企業に採用されることが、その後の事業規模拡大につながる。

### ④先人のサポートを得る

４つ目は、先人のサポートを得ることである。成功した起業家は、洋の東西を問わず、必ずといってよいほどメンターを持っている。例えば、ネット販売の保険会社、ライフネット生命を創業した岩瀬大輔氏は、ハーバード・ビジネス・スクール在学時代から、あすかアセットマネジメントの谷家衛氏をメンターとしている。「ごちクル」という弁当の総合デリバリーサイトを創業した岸田祐介氏のように、楽天出身の経営者が、三木谷浩史氏からサポートを受けている例も少なくない。軽井沢インターナショナルスクールオブアジアを設立した小林りん氏は、ハーバード大学経営大学院教授の竹内弘高氏をメンターとしている。小林氏は、東京大学、スタンフォード大学の出身で、モルガンスタンレーで勤務していたが、経験のない教育の世界で起業する際には、竹内氏から学校経営やインターナショナルスクールにおける教育についてさまざまなアドバイスを受けた。また、メガネのＪＩＮＳの田中仁氏は、ユニクロ創業者の柳井正氏から経営者としての姿勢を学んだ。ユニクロのＳＰＡモデルや顧客にわかりやすい価格設定は、現在のＪＩＮＳの経営に大きな影響を与えた。また、電力業界の風雲児と呼ばれているレノバの創業者である木南陽介氏は、ＫＤＤＩ、イー・アクセスを創業した千本倖生氏をメンターとしている。電力業界は、通信業界と同様に、大型投資が必要で、業界が変革するタイミング・背景が似ていた。通信業界で複数の起業経験を持つ千本氏は、木南氏にとって、事業面、精神面の両方で多くの学びを得ることができる存在となっている。海外においても、フェイスブックのマーク・ザッカーバーグ氏のメンターが、アップルのスティーブ・ジョブズ氏であったり、アリババのジャック・マー氏のメンターが京セラの稲盛和夫氏であることは、有名である。

メンターとは、数多くの経験を持ち、愛と親しみを持って、起業家・経営者が自分では気が付かない視野・視座・視点からものごとを考えて、適宜アドバイスを与える人物である。ある程度長い年数をともにし、悩みがあったときにはすぐ相談できる相手であり、精神面と事業面の両方のサポートを提供する存在である。場合によっては、精神面と事業面でそれぞれ別のメンターと接することもある。起業することは、新たに道を切り拓いていくことであり、頻繁に対処しなければならない未知の問題に数多く直面する。また、精神的に辛い局面も出てくる。そのようなときに、第三者からサポートを得ることは、リスクを軽減し、時間を短縮し、成功確率を高めることにつながる。自分の凝り固まった考え方に風穴をあけ、思いもよらない結論に至ることもある。メンターは考え方をサポートする役割が大きく、自分と同じ業種であるかどうかは大きな問題ではなく、むしろ、メンターに求められるのはさまざまな状況下で経営者の意思決定に直接・間接的に関与した経験の数と奥深さであろう。また、メンターは起業したばかりの人と比較すると幅広い人脈を持っている。何か頼み事があった場合、電話一本で友人・知人に話を通してくれるような人が存在すると大きな安心材料になる。時と場合によっては、信用力供与をメンターが行ってくれる場合もある。

**⑤マーケティング活動を先行的に、自前で実施**

実例を挙げると、インフォマートの創業当時の村上氏は、創業2年目の利益がほぼ出ていない状況で、日本経済新聞に年間数回にわたって全面広告を打ち出した。広告を行うために、ベンチャーキャピタルに株式比率45%を持ってもらい出資を募った。「食の業界の売り手と買い手をマッチングしています。売りたい人、買いたい人はこちらにお電話ください。」といった内容だった。また、一部上場を果たし、会社が電子請求システムのサービスを始めた際は、林家ペー&パー子を起用して、「ペーパーがなくなる」といった内容のテレビ広告を放映し、自社の名前を広めている。SansanやGunosyなどの急成長したベンチャーも、早い段階で、俳優や変身ヒーローを起用したテレビCM

を放映し、自社の名前を広めている。マーケティングは消費者向け・ＢｔｏＣ向けの戦略変数と考える企業も多い。しかし、マーケティング費用が自社の売上規模を上回る額であっても、業界と事業特性によっては、信頼と知名度を早期に高めるために、徹底的に勝負に出ることが必要となる局面もある。先述のＪＩＮＳでも、３プライス制の競合が増えつつあった事業環境の中、上場資金も活用し、大きな広告投資を行い、競合から一歩頭を抜け出し、市場での優位な地位を築いた。その後は、商品の独自性を磨いていった。顧客は知らない会社はなかなか信用しないし、仮に知らない会社の商品のほうが高品質であったとしても、リスクを取りたくないという保守的な思考によって、知っている会社の商品を選択する可能性が高い。したがって、起業初期の段階であっても、大規模な宣伝広告を打つケースがその後の有益な展開につながる場合もある。

本章では起業後の２つのステージを見てきた。ベンチャーが成功するためにはさまざまな関門があり、しかしその関門を乗り越える手立てもあることを見てきた。ベンチャーステージを越えてさらに成長するステージが第３のステージであるが、これは事業の規模を幾何級数的に拡大させていく段階である。それについては第８章および第９章で触れることにする。

# chapter 7

# シリコンバレーの起業エコシステム

## 1　シリコンバレーで創出されるベンチャー企業

本章では最近のシリコンバレーの動向を取り上げ、アメリカでの起業動向について説明するとともに日米のベンチャーエコシステムを比較していく。シリコンバレーはアメリカ合衆国カリフォルニア州にあるＩＴ企業の一大集積地であり、アップルやインテル、グーグル、ツイッターなど数多くのハイテク企業、ソフトウェアメーカー、インターネット関連企業が生まれている。地理的には、サンフランシスコから車で1時間程度南下した位置にあるマウンテンビュー、サニーベール、パロアルトなどの複数市の広域総称がシリコンバレーと呼ばれている。シリコンバレーでは、生まれてくる企業に対し、ＶＣの投資活動が活発である点も特徴の1つである。シリコンバレーのＶＣによる投資活動は投資規模、売却時の価格ともに他地域を圧倒している。ＶＣの都市別投資総額では、世界第1位、2位をサンフランシスコとサンノゼが占めており、両都市で世界シェアの25・3％に達する（２０１２年）。また、ＶＣの都市別エグジットバリューでは、シリコンバレーが世界シェアの37・1％を占めており、2位以下をはるかに上回っている（２０１６年）。

具体的なシリコンバレーの話に入る前に、そこで創出されるベンチャー企業でみられる〝ブリッツ・スケール〟といわれる爆発的な成長について触れる。アマゾン、グーグル、フェイスブックは有名であるが、ここではリンクトインを例として見る。日本ではまだ他のブリッツ・スケールの成

## シリコンバレーにおける投資総額およびエグジットバリュー

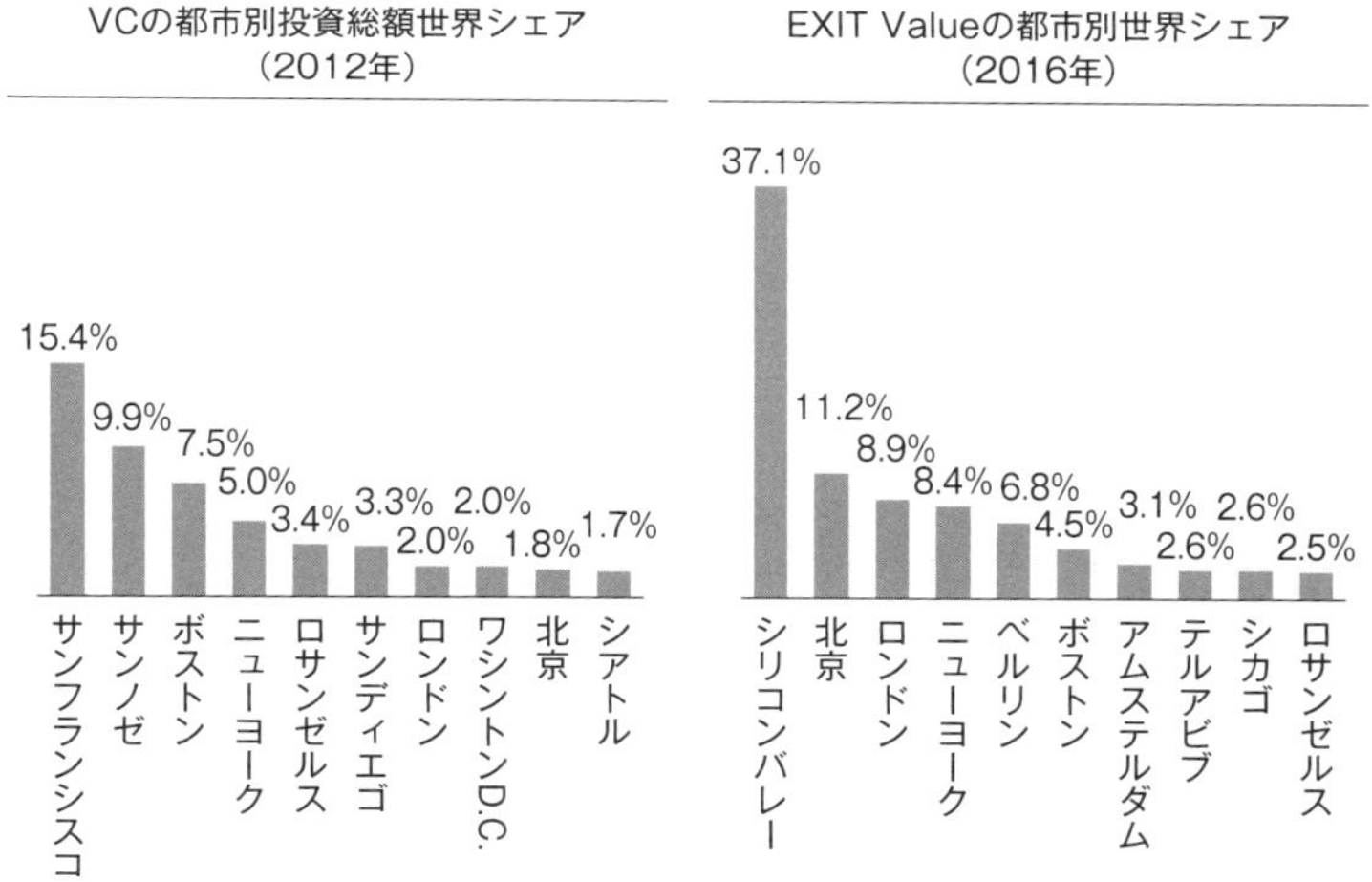


出所：“RISE OF THE GLOBAL STARTUP CITY”, Martin Prosperity Institute, 2016
“Global Startup Ecosystem Report and Ranking 2017”, Startup Genome, 2017

長を果たした企業ほど知名度はないが、同社はビジネス向けのソーシャル・ネットワーキング・サービス（SNS）を提供する企業であり、登録会員数は5億6200万人（2018年）と世界最大級の規模を誇る。マイクロソフトに買収された2016年時点で、登録会員数が4億人、従業員は1万人を超えており、2008年時点での登録会員数3200万人、従業員400人足らずであったことに比較すると、いかに急成長を遂げたかがわかる。リンクトインの成長の理由には、ビジネス向けに特化した点、シリコンバレーに精通した人物を多く雇用した点、「サーチ機能」や「アドレス帳アッ

## リンクトインの成長

LinkedInの登録者数の推移

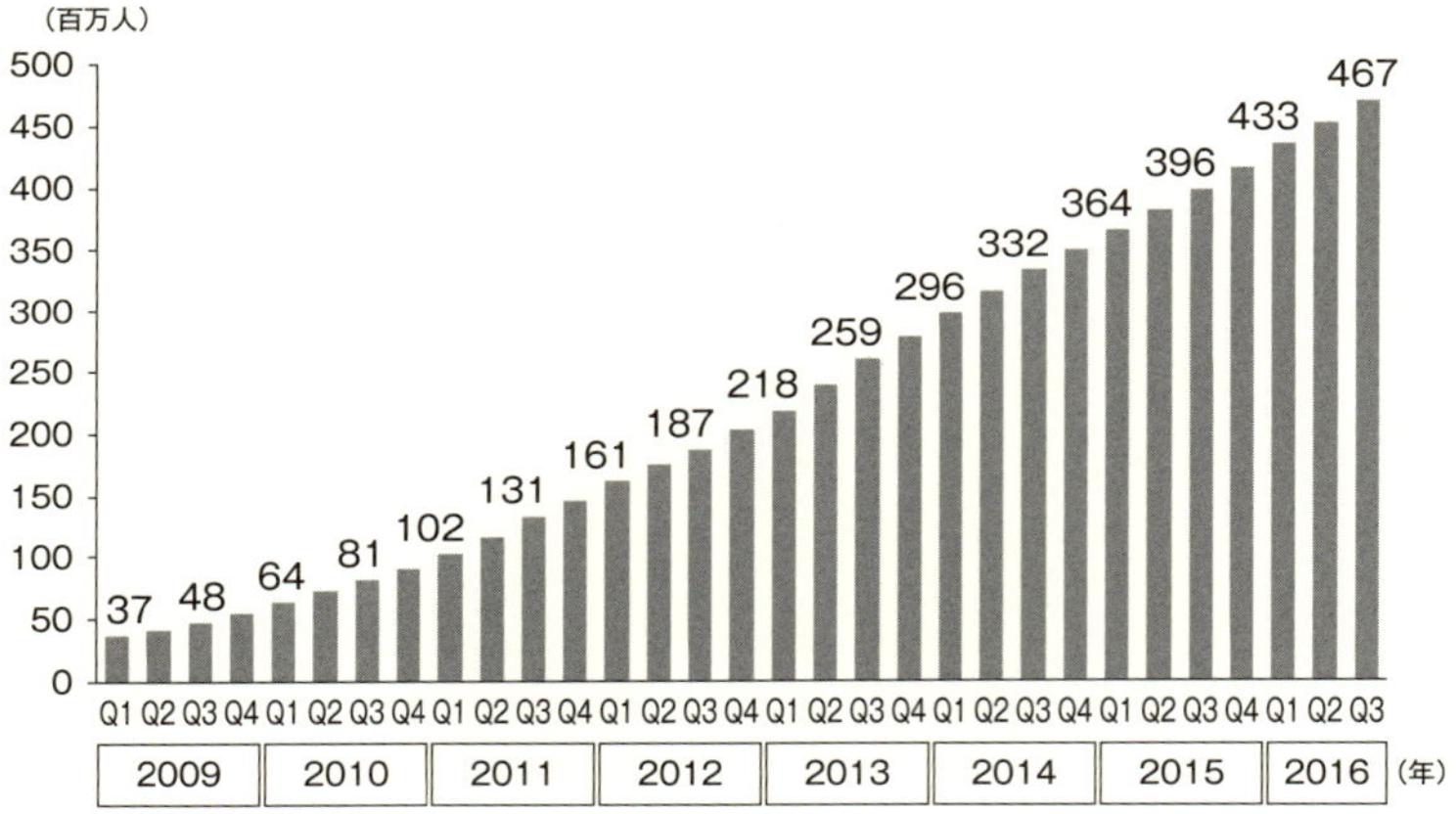


出所：Statista "Numbers of LinkedIn members from 1st quarter 2009 to 3rd quarter 2016"

プロード機能」の導入などユーザーのニーズに合わせた素早い方向転換をした点などさまざまな理由が挙げられる。マイクロソフトによる買収額は２６２億ドルであり、２００３年のサービスの開始から13年後に約３兆円まで企業の価値が高まったことになる。日本でこれほどまでの短期間に企業の価値が高まった例はあまりなく、日本とシリコンバレーの違いがわかる典型的な事例といえる。

もう一社、シェアリングサービスを提供しているエアビーアンドビー（Airbnb,Inc.）についても触れておく。エアビーアンドビーは、宿泊施設や民宿を貸し出すホストと部屋を借りるゲストをマッチングさせるサービスを提

## シリコンバレーにおける資金調達　エアビーアンドビー

| | 1回の調達額（単位：百万ドル） | 累計調達額（単位：百万ドル） | 出資分類 | リードインベスター |
|---|---|---|---|---|
| 2009年 1月 | 0 | 0 | シード | Y Combinator |
| 2009年 4月 | 1 | 1 | シード | Sequoia Capital |
| 2010年11月 | 7 | 8 | シリーズA | Greylock Partners |
| 2011年 7月 | 112 | 120 | シリーズB | Andreessen Horowitz |
| 2013年10月 | 200 | 320 | シリーズC | Founders Fund |
| 2014年 4月 | 475 | 795 | シリーズD | N.A |
| 2015年 7月 | 1,500 | 2,295 | シリーズE | General Atlantic 他 |
| 2015年11月 | 100 | 2,395 | シリーズE | FirstMark |
| 2016年 7月 | 1,000 | 3,395 | デット・ファイナンス | JP Morgan Chase & Co. |
| 2016年 9月 | 555 | 3,950 | シリーズF | CapitalG, TCV |
| 2017年 5月 | 448 | 4,398 | シリーズF | CapitalG, TCV |

供している。エアビーアンドビーがホストとゲストの仲介役を担い、予約の手数料としてゲストから手数料を受け取る一方、ホスト側からもクレジットカード処理の手数料を受け取っている。ちなみに会社名の「bnb」は、ビーアンドビーと読み、イギリスで使われる簡易的なホテル「B&B（Bed and Breakfast）」に由来する。

同社は、2008年8月に設立、サンフランシスコに本社を構えている。2017年8月時点で、世界191カ国で計400万以上の物件を紹介しており、通算ゲスト数も2億人を超

## 日本における資金調達　メルカリ

| | 1回の調達額（単位：億円） | 累計調達額（単位：億円） | 出資分類 | 出資者 |
|---|---|---|---|---|
| 2013年6月 | 0.5 | 0.5 | シード | East Ventures |
| 2013年8月 | 2.2 | 2.7 | シリーズA | ユナイテッド |
| 2014年3月 | 14.5 | 17.2 | シリーズB | グローバル・ブレイン、グロービス、GMOVP、GMOPG、ITV |
| 2014年9月 | 23.6 | 40.8 | シリーズC | WiL、グロービス、グローバル・ブレイン、East Ventures、GMOVP |
| 2016年3月 | 84.0 | 124.8 | シリーズD | 三井物産、DBJ、ジャパン・コインベスト、グロービス、WiL、グローバル・ブレイン |
| Airbnbの累計調達額* | | 4,840.0 | | |

注：*．１ドル110円にて換算

えている。２０１１年５月、ドイツの同業会社であるAccoleoを買収し、海外進出を果たして以降、ヨーロッパ、アジア・オセアニア地域を中心に積極的に事業拡大を進め、成長を続けている。そのエアビーアンドビーは、成長過程においてシリコンバレーで多額の資金調達を行っている点も特徴である。２００９年１月の１回目の資金調達から２０１７年５月の資金調達まで計11回の資金調達を実施し、累計の調達額は約44億ドル（１ドル＝１１０円換算で約４８４０億円）にものぼる。日本ではベンチャー企業であるメルカリが累計約１２５億円を調達して注目されたが、その数十倍にあたる資金調達をエアビーアンドビーはシリコンバレーで行った。

## 2　ベンチャー企業の成長フェーズと資金調達活動

シリコンバレーのエコシステムについて理解するために、まずベンチャー企業の成長フェーズと資金調達活動について整理する。成長フェーズごとの表現方法はＶＣや投資家ごとに異なるが、本章では「シード期」、「アーリー期」、「ミドル期」、「レイター期」に分けて説明する。

「シード期」とは企業の立ち上げの段階のことであり、主な事業活動は最低限の価値を提供する製品を作成することである。言い換えるとビジネスのコンセプトやモデルが決まったのちに、具体的な価値やサービスに落とし込んでいく段階である。この時期に多額の資金が必要となることは少ないが、人件費や市場調査費など資金が必要となる場面がまったくないわけではない。この時期の資金調達活動はシードラウンドと呼ばれ、通常、数千万円規模の資金調達が実施される。主な出資者はインキュベーターやアクセラレーターと呼ばれる組織であり、これらの出資者の詳細については後述する。またエンジェル投資家が個人的に見込んだベンチャー企業にポケットマネーを出資するケースも多い。

「アーリー期」とは事業の収益化を図る段階である。具体的には立ち上げた事業が軌道に乗るまでの時期のことである。事業の収益化のために顧客の拡大や実際の売上・利益を実現していく（マ

### スタートアップの成長フェーズと資金調達活動

| | | シード | アーリー | ミドル | レイター |
|---|---|---|---|---|---|
| スタートアップのフェーズ | | シード | アーリー | ミドル | レイター |
| 主要な事業活動 | | ■企業の立ち上げ<br>■プロトタイプの作成<br>■シード投資の獲得 | ■事業の収益化<br>■顧客の拡大 | ■生産体制の確立<br>■販路の拡大<br>■収益安定化 | ■持続的成長<br>－プロダクト拡張<br>－アライアンス<br>■M&AやIPOの準備 |
| 資金調達活動 | 名称と規模 | ■シードラウンド<br>－数千万円 | ■シリーズA<br>－1～5億円 | ■シリーズB～C<br>－10～30億円 | ■シリーズC～D<br>－30億円～ |
| 資金調達活動 | 出資者 | ■インキュベーター<br>■アクセラレーター<br>■エンジェル投資家 | ■エンジェル投資家<br>■VC | ■VC | ■VC<br>■投資ファンド<br>■提携企業<br>■銀行 |
| 資金調達活動 | 大企業の関わり方 | ■コーポレイト・アクセラレーター等による支援 | ■コーポレイトアクセラレーターでのスケール支援<br>■CVCによる投資 | ■CVCによる投資<br>■販路拡大の支援<br>■プロダクト購入 | ■CVCによる投資<br>■プロダクト購入<br>■割当増資<br>■M&A |

ネタイズ）方法を模索していく段階でもある。この段階では、通常の事業を行うためにも資金が必要となる。例えば、通常の運転資金に加えて、モノを製造するための設備投資やプロモーションにむけた広告宣伝費・販売促進費などが挙げられる。この時期の資金調達活動はシリーズAと呼ばれ、1～5億円規模の資金調達が行われることが通常である。主な出資者は、エンジェル投資家やVCである。また、大企業の社内ベンチャーキャピタル（CVC）による投資が実行される場合もある。

「ミドル期」は生産体制を整え、販路を拡大し、収益を伸ばす段階である。この時期になると優秀な人材の確保や競争激化による商品・サービス展開加速のために新たな資金が必要となり、資金繰りが厳しくなることも少なくない。この時期の資金調達活動はシリーズB～Cと呼ばれ、10～30億円規模の資金調達がなされる。そして、これらの企業の資金需要に応じるのはVCとなるケースが多い。VCの目的は出資先企業の価値を向上させ、株式上場やバイアウトによって利益を得ることであるため、おのずと出資を受けられるのは事業の成長ポテンシャルを秘めた会社となる。また、大企業との関わりもこの時期から増加し始める。具体的には「アーリー期」と同様にCVCとしての投資に加えて、販路拡大の支援やプロダクト購入などでの関わりが増加する。

「レイター期」では持続的な成長を実現するために本格的なプロダクト拡張や他企業とのアライアンスが結ばれる。資金調達活動はシリーズC～Dと呼ばれ、30億円以上の資金調達が目安となる。出資者はVCや投資ファンド、事業パートナーである提携企業などが挙げられる。銀行など金融機関の融資条件も、これまでのステージと比較して、かなり有利な条件となることから資金調達の選択肢は拡大する。また、このフェーズになるとM&AやIPOに向けた準備も始まり、大企業とはCVCによる資金調達だけでなく、割当増資やM&Aといった関わり方も生じる。

## 3　アクセラレーターの存在

前節で述べた、ベンチャー企業の4つのフェーズの中で、他の地域と比較してシリコンバレーの資金支援が充実しているのは「シード期」、「アーリー期」のベンチャーへの事業支援である。その中でも大きな役割を果たしているのが、アクセラレーターである。

アクセラレーターとは、ベンチャー企業の事業を〝加速させる〟プログラムを提供する組織であり、そのプログラムでは大きく次の3つのことが行われている。

・プログラムの参加候補者を募り、選考の通過者にシードマネーを与える
・ブートキャンプのような集中研修を通して、投資家や専門家によるアドバイスを提供する
・研修開始からある一定期間後の事業発表（デモディ）で、VCやエンジェル投資家からの資金調達の機会を与える

アクセラレーターが提供するプログラムは、大手企業がオープンイノベーションの一環として、ベンチャー企業に対して自社のリソースを提供するかたちで実施されることも多い。シリコンバレーでは、ベンチャー企業が他のVCからの投資を受けられる状態まで育てることを目的にVCが主催する場合もある。特に「シード期」のベンチャー企業を対象とするアクセラレーターはシード・アクセラレーターと呼ばれている。近年はアクセラレーターの数が急増したことで、それぞれのアクセラレーターは対象となる企業のターゲット市場（金融、医療、教育など）を限定し、プログラムを実施していることも多い。

## アクセラレーターのプログラム

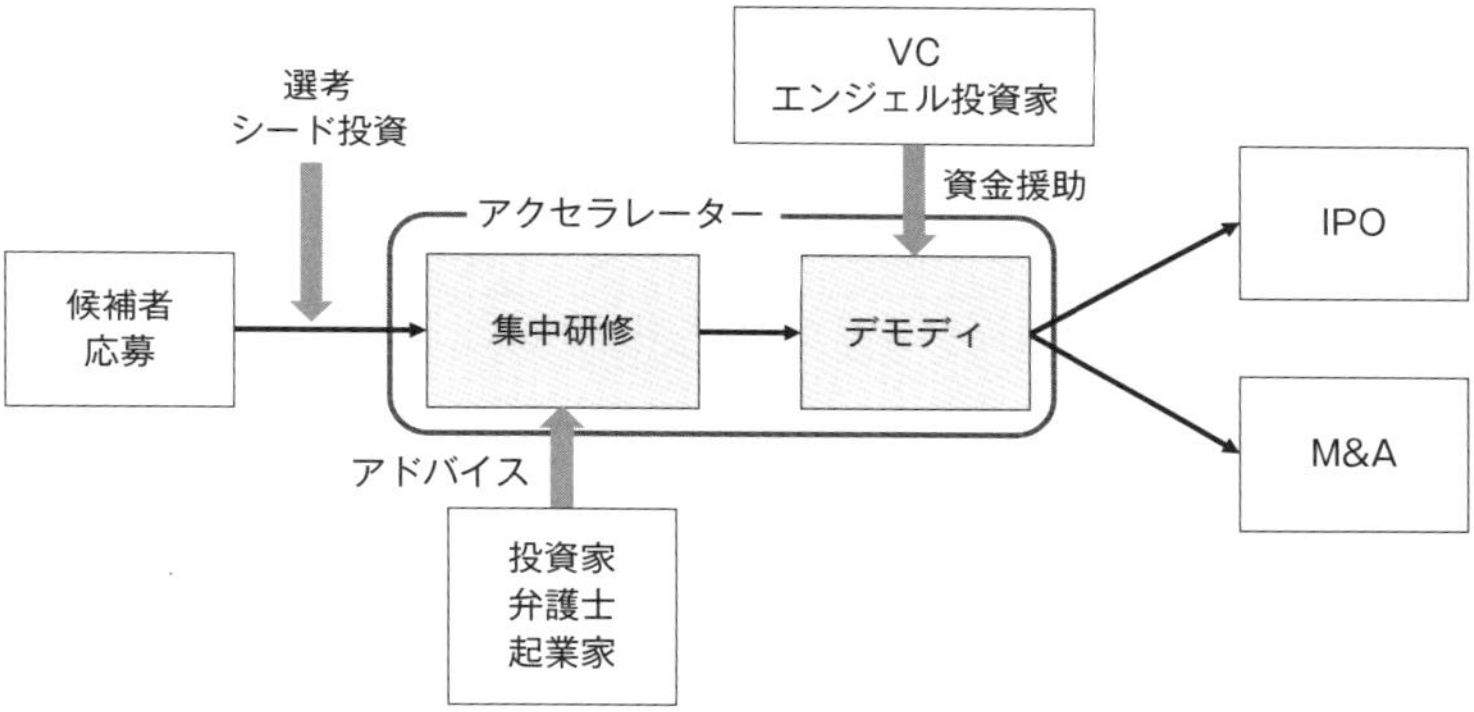


アクセラレーターと同様に、シード期のベンチャー企業を支援する組織であるインキュベーターとの違いも明確にしておこう。まず、目的・コンセプトについては、アクセラレーターが少量の株式と引き換えに、事業立ち上げを集中的に指導するのに対して、インキュベーターは起業や成長にあたって、主に設備・バックオフィスの面を支援することを目的としている。また、アクセラレーターのプログラムが数週間から数カ月（一般的に3カ月から4カ月）と期間が限定されているのに対して、インキュベーターは特定のプログラムがないため、事業が成長するまで長期的な支援を提供するのも大きな違いである。

シリコンバレーの代表的なシード・アクセラレーターの1つにYコンビネーター（Y Combinator）がある。Yコンビネーターは全米のシード・アクセラレーターを評価するSeed Accelerator Rankings Projectにおいても最上位のPlatinum Plusの評価を受けている全米を代表するシード・アクセラレーターである。同社は３５００を超える起業家のコミュニティを持ち、２００５年の創業以来、１７００を超えるスタートアップ段階のベンチャー企業に投資を実施している。出資先の中には、ファイルポスティングサービスのドロップボックス（Dropbox）、文書シェアのスクリブド（Scribd）、本節でも説明したエアビーアンドビーなど今では広く認知されているサービス提供事業者がある。

年2回（1〜3月、6〜8月）の出資サイクルを設け、各回、オンラインでの応募企業の中からプログラムに参加できる企業を選出する。その際、初期のビジネスプランの策定と本格的資金調達までの経費を賄う金額として12万ドル前後（出資比率7％程度）を拠出する。選ばれたベンチャー企業はシリコンバレーに移り、３カ月間で初期ビジネスプランを集中的にブラッシュアップする。Yコンビネーターはその期間中、起業家やVC、ジャーナリスト等を招いて講演を実施したり、専門家によるアドバイス・ワークショップなどを開催する。そして、Yコンビネーターが主催する〝Demo Day（デモディ）〟では、投資家等向けに初期ビジネスプランを発表し、出資先とのマッチングを進めていく。

Yコンビネーターの強みはコミュニティの質の高さにある。プログラム内でアドバイスを提供する起業家や専門家、デモディに訪れるベンチャーキャピタリストやエンジェル投資家、Yコンビネーター出身の成功した起業家などでコミュニティは成り立っている。例えば、Yコンビネーターのイベントで、フェイスブックのマーク・ザッカーバーグ氏、ツイッターのエヴァン・ウィリアムズ氏、リンクトインの創業者でエンジェル投資家のリード・ホフマン氏などの著名な起業家・投資家が毎週入れ替わりでスピーチを行うことは、ベンチャー企業を立ち上げたばかりの創業者にとって刺激的で有意義な機会となる。さらに彼らとのコネクションを得ることもベンチャー企業の創業者にとっては大きな魅力となる。

**日本におけるシード・アクセラレーション**

一方、日本でも徐々にシード・アクセラレーターが脚光を浴び始めている。ここでは代表的な日本のシード・アクセラレーターである、サムライインキュベート、モビーダ（MOVIDA）、アーキタイプ（archetype）、インキュベイトファンドについて紹介しておく。

サムライインキュベートは、２００８年の創業から１３０社を超える（２０１７年時点）ベンチャー企業に投資してきた経験を持つ老舗のシード・アクセラレーターである。２０１４年には初の海外拠点である「サムライインキュベート イスラエル」をテルアビブに開設した。主な投資先としては、「トリッピース（Trippiece）」、「職人さんドットコム」などが挙げられる。

モビーダはガンホーの孫泰蔵氏が２００９年に設立し、『東アジアにスタートアップ・エコシステムを創出する』ことをビジョンに掲げ、６カ月間で事業を加速させるスタートアッププログラムを実施してきた。その後、孫氏はミスルトウ（Mistletoe）を設立し、「共同創業」という形で、アイデアや技術を持つ起業家と一緒になって事業を立ち上げる活動を行っている。

## 日本のシード・アクセラレーター

| | 設立年 | 特徴 | 投資先 |
|---|---|---|---|
| サムライインキュベート | 2008年 | ■130社を超えるスタートアップに投資してきた老舗的シード・アクセラレーター | ■Trippiece<br>■職人さんドットコム<br>■RoomClip |
| モビーダ | 2009年 | ■ガンホー孫泰蔵氏により設立<br>■2013年より「共同創業」型企業支援を行うMistletoeを設立 | ■Trippiece<br>■Beatrobo |
| アーキタイプ | 2006年 | ■インキュベーションとコンサルティングの2つの側面からインターネット・モバイル分野のスタートアップを育成支援 | ■Wantedly<br>■Naked Technology<br>■FlyData |
| インキュベイトファンド | 2010年 | ■総額275億円、200社以上のシードスタートアップ投資 | ■Ceres<br>■Youtfit<br>■ietty |

アーキタイプはインキュベートとコンサルティングの2つの側面からインターネット・モバイル分野のベンチャー企業をハンズオンで手厚く育成支援する。日々の小さな相談にもコンサルタントが親身に答え、他の支援先企業との交流の場をつくり、新たな発見や刺激を受けることができる点が特徴である。アーキタイプの投資先には「ウォンテッドリー（Wantedly）」や「ネイキッドテクノロジー（Naked Technology）」（2014年、ミクシィにより買収）などがある。

インキュベイトファンドは、1999年のインキュベイトキャピタルパートナーズ設立以来総額275億円の資金を運用し、関連ファンドを通じて200社以上のベンチャー企業への投資活動を行ってきた。「シード期」や「アーリー期」の投資・育成においては国内最大規模の実績を有している。2010年からは事業プランのブラッシュアップと投資家とのマッチングを行うシード・アクセラレーション・プログラム「インキュベイト キャンプ」を運営している。

国内には、これら4つの組織以外にも「シード期」や「アーリー期」のベンチャー企業を対象に投資・育成のサービスを提供している組織は数多く存在している。今後、日本のアクセラレーターの支援を受けた多くのベンチャー企業が大きく成功することを期待している。

## 4 シリコンバレーの起業エコシステム

シリコンバレーではアクセラレーターやエンジェル投資家、VCによるベンチャー企業への経営支援が充実している。そして、その支援を受けた企業が成長し、大企業に買収されてベンチャー企業の経営者が多額の資金を得る。資金を得た経営者は再起業したり、投資家としてベンチャー企業を支援する側に回る。また、IPOを果たした企業が大企業に成長することで、今度は大企業としてベンチャー企業を買収する立場になることもある。このように、シリコンバレーでは金と人と企業がベンチャーの成功にともない、循環・拡大再生産されるエコシステムができている。そのエコシステムには大学も加わっている。起業を目指す人材やベンチャー企業を技術的にサポートする人

## シリコンバレーの起業エコシステム

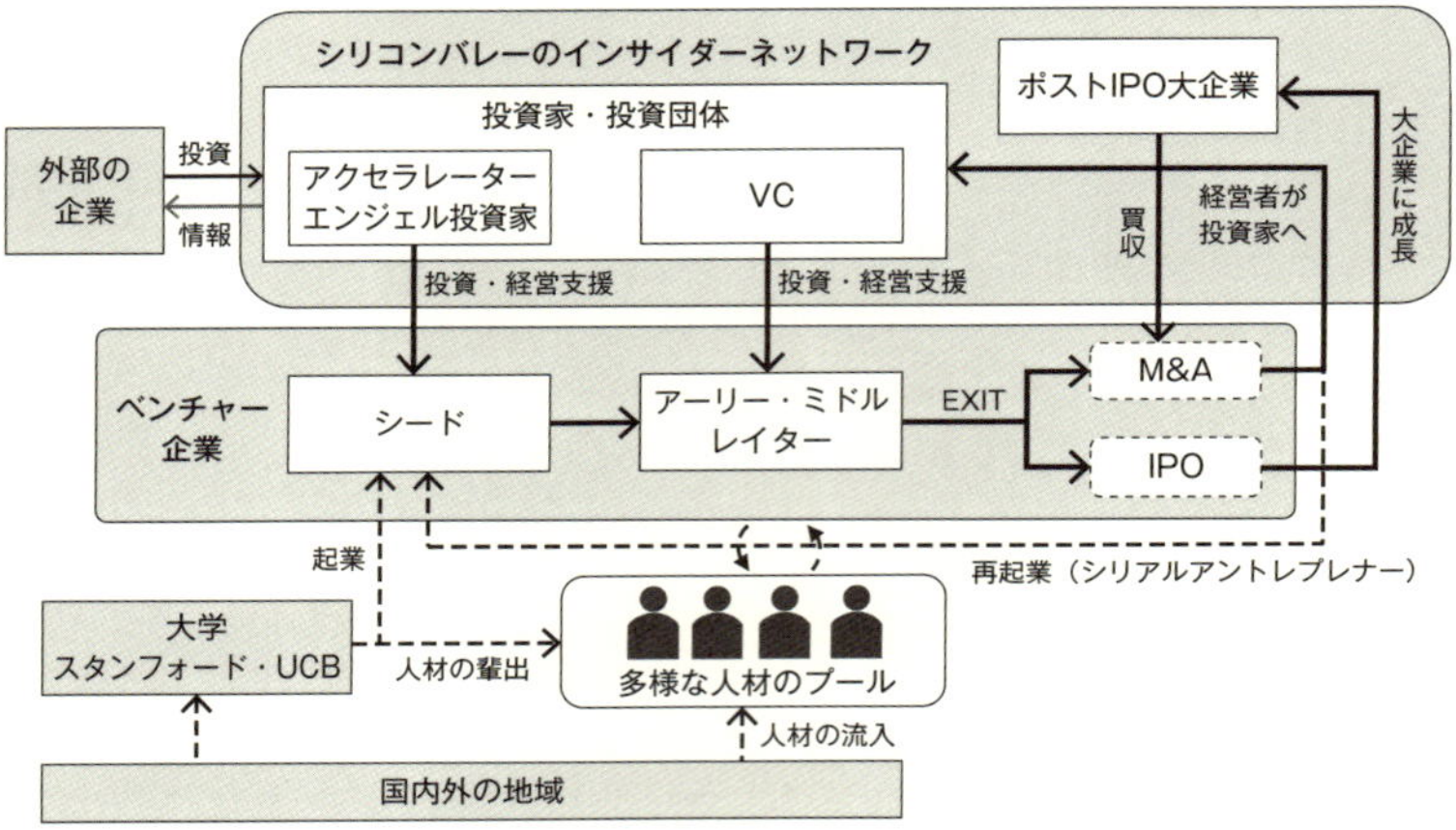


材輩出機関として、周辺の大学であるスタンフォード大学、カリフォルニア大学バークレー校などが大きな役割を果たしている。このような人材輩出機関もエコシステムの中に存在しているのが、シリコンバレーの魅力の１つともいえる。

ちなみに、アメリカにおいてＶＣから出資を受けた企業のＩＰＯとＭ＆Ａ社数の割合を比較すると１９８０年後半から１９９０年代にかけてはＩＰＯが主流であったのが、２０００年のＩＴバブル崩壊を境に入れ替わり、現在ではＭ＆Ａが圧倒的に多数となっている。これは、ＩＰＯのルール変更が大きく影響しており、ＩＰＯのハードルが厳格になったことで、以前より、上場企業数が減ったことが一因である。資本市場そのものが大きくなったことで、機関投資家が大きな上場会社にしか投資しなくなっ

## 米国におけるベンチャー企業のエグジット

VCから出資を受けた企業のIPOとM&A社数割合の推移
（1985 ~ 2015）

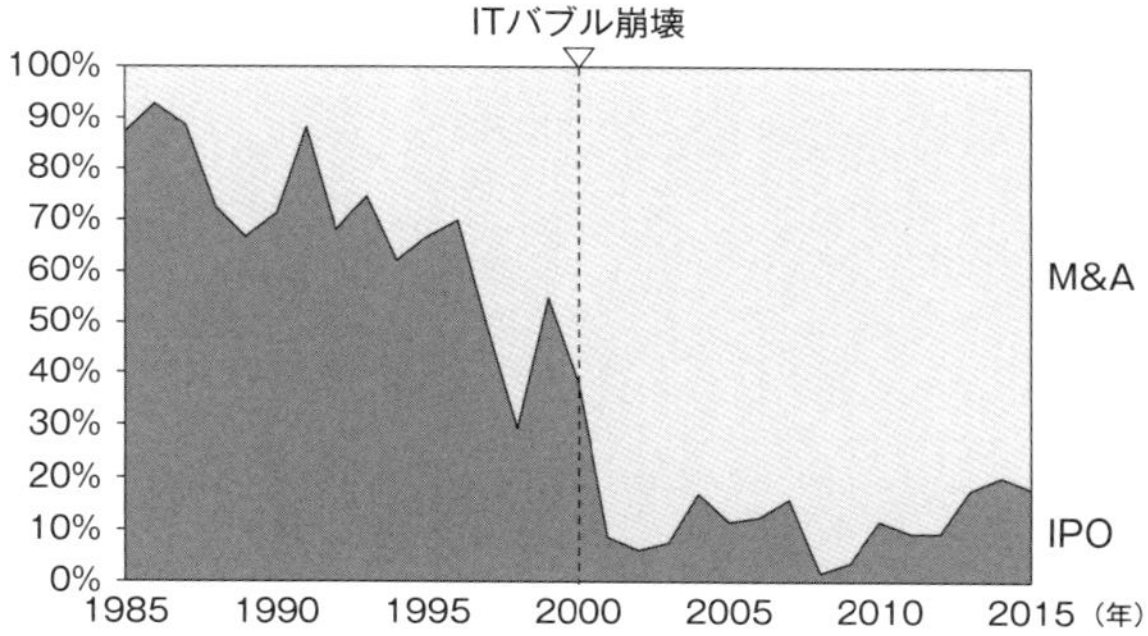


注：*.M&Aには“trade sale”（マイノリティ投資含む）“secondary sale”が含まれる
出所：NVCA “NVCA YEARBOOK 2015&2016”

たことも影響している。また、大企業が事業成長や新規事業開発の手段として、ベンチャー企業を買収することを選ぶケースが増えていることも要因として挙げられる。

シリコンバレーでは、成功した起業家や著名なベンチャーキャピタリストを中心に成功を生み出すエコシステムが形成されているが、その一例として、ペイパル・マフィアと呼ばれる起業家集団に触れる。ペイパル・マフィアとは、決済サービス、ペイパル（PayPal）の創業に携わったメンバーを指している。彼らは、ペイパルを売却した後、数々のユニコーン企業を立ち上げ、エンジェル投資家としても活躍している。彼らの投資を初期段階で受けたベンチャー企業は有望と認識され、その後のビジネス展開においても優位に立つことができる。ペイパル・マフィアの代表的な出資先企業として、ウーバー、エアビーアンドビー、スナップチャット（Snapchat）、ピンタレスト（Pinterest）、ドロップボックス、スクエア（Square）などがある。

ペイパル・マフィアの「ドン」と言われる中心人物である、ピーター・ティール（Peter Thiel）氏はペイパルの創業者であり、現在はシリコンバレーの代表的な投資家である。ペイパルの前身となるX.comを１９９９年に設立した人物であるイーロン・マスク（Elon Musk）氏は、その後も宇宙ベンチャーであるスペースXや電気自動車関連の新興企業であるテスラ（Tesla）など、世の中に大きな影響を与える事業を生み出した。リンクトインを起業したリード・ホフマン（Reid Hoffman）氏、動画共有サイトのユーチューブ（YouTube）を起業したチャド・ハーリー（Chad Hurley）氏、ローカルビジネスレビューサイトのイェルプ（Yelp）を起業したジェレミー・ストッペルマン（Jeremy Stoppelman）氏などもペイパル・マフィアの一員である。

最後に、昨今のシリコンバレーに起こっている「サンフランシスコへの北上化現象」について説明する。先述したエコシステムにより、インテルやアップル、グーグルなどの世界的なＩＴ企業に加えてユーチューブなどの新興企業の多くもシリコンバレーに本社を構えている。また、日系大手企業の研究開発拠点も古くからＩＴ企業が集まるシリコンバレーに集中している。一方、２０００年代後半から、ツイッターやドロップボックス、エアビーアンドビーなど新興クラウド系や企業価値が10億ドルを超えるようなユニコーン企業がサンフランシスコに集積し始めている。サンフランシスコでは倉庫街であったサウスオブマーケット地区（ＳｏＭＡ）を中心に、コワーキングスペースや新興ベンチャー企業が拠点を構えていたが、もともとはシリコンバレーに拠点を置く企業も、これらのエリアに拠点を開設する動きを進めている。

シリコンバレーはテクノロジーやアカデミックの志向が強い都市である一方、サンフランシスコは都会的でクリエイティブな志向を持つ都市である。実際、世界的なデザイン会社であるアイディオ（Ideo）やフロッグデザイン（Frog design）、クーパー（Cooper）といった会社がサンフランシスコに拠点を構えており、デザインや創造性に強みを持つ企業が集まっているといえる。

定量的にサンフランシスコとシリコンバレーの比較をすると、ベンチャーキャピタルの投資額は２０１４年ごろに逆転し、２０１６年においてはシリコンバレーへの投資が85億ドルに対し、サンフランシスコへは１４０億ドルとなっている。ＩＰＯ件数は依然としてシリコンバレーの企業が多く、「シード期」、「アーリー期」のベンチャー企業はサンフランシスコ中心、ＩＰＯ前後の「レイター期」のベンチャー企業はシリコンバレーが中心となっている。アメリカ合衆国労働省（United States Department of Labor）が公表しているデータを見ると、人口千人当たりのエンジニア数の伸び率は、２０１４年からの3年間でサンフランシスコが24％で、シリコンバレーエリアの４％を大きく上回っており、サンフランシスコとシリコンバレーの差が縮小してきていることがわかる。また、サンフランシスコのエンジニア年間人件費平均は、２０１４年に10・７万ドルであったが、２０１７年には12・５万ドルに増加している。ベンチャー企業や大企業の移転に伴い、サンフランシ

## VC投資におけるサンフランシスコへのシフト

VC投資額*の推移

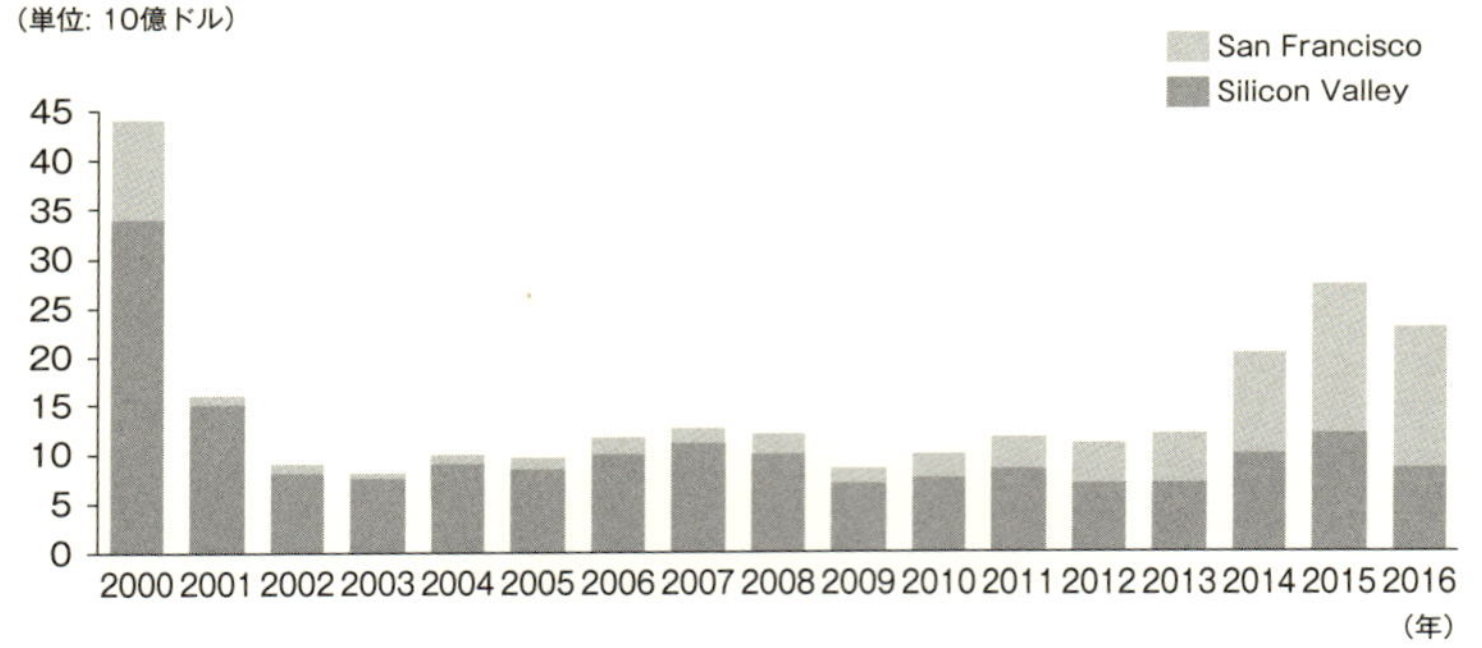


注：*　インフレ調整後
出所：Joint Venture Silicon Valley “2017 SILICON VALLEY INDEX”

スコのオフィス賃料及び、住宅価格は２０１０年以降急激に上昇している。

「サンフランシスコへの北上化現象」はベンチャー企業に限らず巨大ＩＴ企業にも見られ始めている。アップルはシリコンバレー内のクパティーノに新社屋を建設したことと並行し、サンフランシスコにも新拠点を開設している。顧客管理ソリューションのクラウドサービスを提供するセールスフォース・ドットコム（Salesforce.com）も、２０１８年にアメリカ西海岸で最も高い61階建て本社ビルをサンフランシスコに建設した。その目的はＩＴ業界で優秀な人材の獲得競争が激化する中、都市での勤務を好む若い人材を確保するためとされている。フェイスブックもシリコンバレーに新たな拠点を設けながら、インスタグラム部門の１００人弱が使用する、同社としては初のサンフランシスコ・オフィスを開設している。本社まで長時間の通勤がなく、都会的なエリアに住むことを望む従業員の採用にメリットがあるとしている。

# chapter 8

# ビジネスモデルの構築と事業成長

## 1　ビジネスモデルとは

ここまでは新規事業や起業について、ビジネスの種の見つけ方や立ち上げ期における重要な点を論じてきた。ビジネスアイデアを形にして市場に出し、事業としてある程度立ち上がってくると、次に必要になるのがビジネスモデルの確立である。ビジネスモデルとは、ビジネスそのもののデザインであり、安定的に儲けを生み出す仕組みと捉えることができる。立ち上がりつつある事業を持続的な成長につなげるためには、自社の強みとなるところに資源を集中して配分し、開発から製品・サービスの提供、顧客獲得など一連のビジネスプロセスを効率的に運営し、収益を安定的に得る仕組みを確立する必要がある。その過程で、その事業固有の儲け方の型ともいえるビジネスモデルを構築することができる。ビジネスモデルを確立すると、それを1つの型として展開し、加速度的に事業を拡大することが可能となる。一方、ビジネスモデルを確立しないまま事業を拡大しようとすると、ビジネスプロセスや組織のさまざまな面で非効率が生じ、事業成長が阻まれる結果となる。

ビジネスモデルという概念は比較的新しく、アカデミックの見地でも統一的な合意が確立されているわけではない。ビジネスモデルが注目され始めた背景としては、1990年代半ばのインターネット普及にともない、それまでの製造業中心の経済で念頭に置かれていた「商品を製造して顧客に販売する」というビジネスがそのまま適用されない事例が現れ始めていたことがある。具体的な企業例としてはデルやヤフー、アマゾンなどが挙げられる。

ビジネスモデルについてアカデミックな視点から見ると、個別企業のビジネスモデルや戦略についての論文は多く存在するが、優れたビジネスモデルとは何か、優れていないビジネスモデルとの差はどこで発生するのかなど、ビジネスモデルそのものに焦点を当てた研究論文はまだ少ない。また、ビジネスモデルの定義にも統一した見解が示されておらず、各自が厳密な定義を持たないままにビジネスモデルという言葉を使用しているのが現状である。ただ、ビジネスモデル研究を行っている経営学者はおり、ここでは代表的な経営学者について触れておこう。

**ラファエル・アミット（Raphael Amit）氏とクリストフ・ゾット（Christoph Zott）氏**

アミット氏は米国ペンシルバニア大学の教授、ゾット氏はスペインIESEの教授であり、ビジネスモデル研究を主要学術誌に多く発表している。両氏は、ビジネスモデルを「事業機会を生かすことを通じて、価値を創造するためにデザインされた諸処の取引群についての内容・構造・ガバナンスの総体」と定義している。[1)] ビジネスモデルとは、取引内容（何を取引するのか）、構造（誰がどのように取引に参加するのか）、ガバナンス（取引に関するガバナンスは誰がどのように決定するのか）という3要素から成り、それらが掛け合わさって価値の創造をもたらすものであると解釈されている。また両教授は59のネット系企業を分析し、優れたビジネスモデルの条件として以下の4つを提

### アミット氏とゾット氏によるビジネスモデルの定義

事業機会を生かすことを通じて、価値を創造するためにデザインされた
諸処の取引群についての内容・構造・ガバナンスの総体である

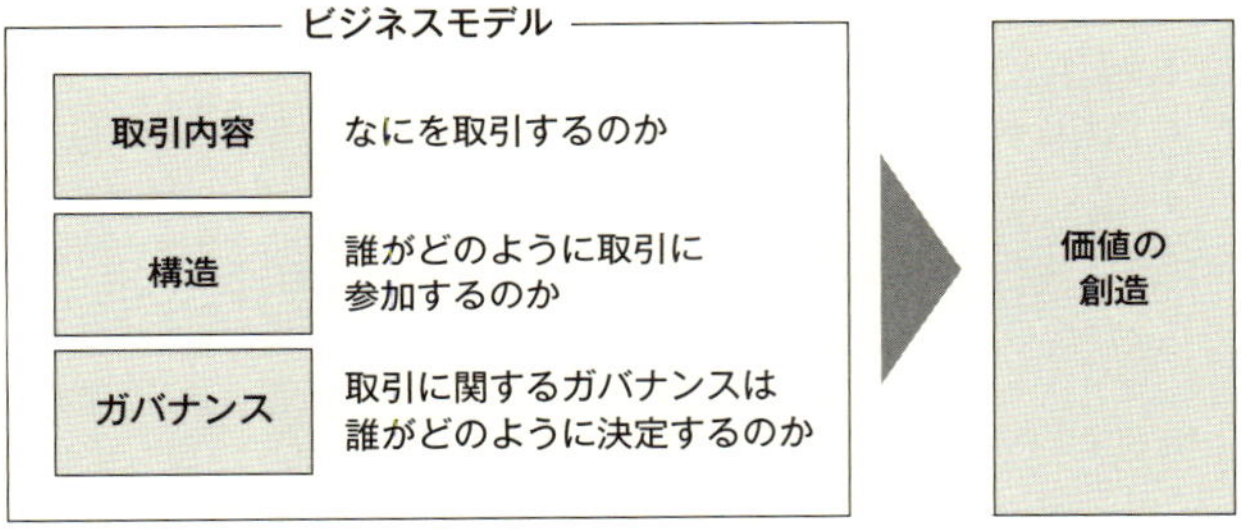


示している。

（1）**効率性**：従来よりも取引上のコストを抑えるモデルを指す。そもそも時間や距離のコストが物理的なビジネス形態と比較して大幅に削減されるというのがオンライン上の取引であるため、特定の企業というよりは多くのＢｔｏＣ・ＣｔｏＣのネット系企業がここに当てはまる。

（2）**補完性**：複数の取引主体を結びつけることで、単体では得られなかった効果を得るモデルを指す。例えば顧客セグメントや販路で重複しない企業同士が提携し、新しい製品を共同開発し、自社単独ではリーチできない範囲まで販売を拡大させるという事例がありうる。

（3）**囲い込み**：顧客を同業競合他社の製品・サービスに流出しにくくするモデルを指す。例えばユーザーが増えることで利便性が高まっていくネッ

トワーク性の高いビジネスはこれにあたり、特定領域で共通言語化したソフトウェア等が挙げられる。

（4）**新奇性**：取引主体との関係性や構造に変革を起こすモデルを指す。ユーザー同士がオンライン上でコミュニケーションをとるクラウドファンディング等のモデルが事例としてありうる。

**トーマス・アイゼンマン（Thomas Eisenmann）氏**

アイゼンマン氏は、米国ハーバード大学の教授であり、アントレプレナーシップに関わる研究を専門としている。同氏は、ビジネスモデルを「どのようにすれば会社が長期的にお金を儲けることができるかについての仮説」と定義している。[2)] ここで仮説と記しているのは、ビジネスモデルとは経営者の行動指針となるものであるという前提の下、仮説たるビジネスモデルに基づいて行動し、結果を見ながら修正していく必要があることに起因する。アイゼンマン教授は企業が継続的に利益を生み出すために重要となる問いを3つ掲げている。

（1）**適切なコストで価値を提供できる根拠は何か**：多くの企業が参入してきたときに他社に対してコストの優位性があれば負けない

（2）**いつパートナーに頼るのか**：自社のコアコンピタンス以外の分野はパートナーに頼ること

により、固定費を変動費に転換し、コスト構造を安定させることができる

（3）**コスト比率は成長とともにどのように変わるのか**：コスト比率が安定した時点で、それを1つのユニットとして加速度的に拡大できる

ビジネスの実務経験も持つアイゼンマン教授は、ビジネスが立ち上がっても収益を上げられないでいるベンチャー企業が多く存在している中で、長期的に利益を生み出すための実践的な着眼点を抽出している。

**國領二郎氏**

國領二郎氏は慶應義塾大学教授で、経営情報システムを専門としている。同氏は、ビジネスモデルを「4つの課題に対するビジネスのデザインについての設計思想」と定義しており、この定義には、

（1）だれに、どんな価値を提供するか

（2）その価値をどのように提供するか

（3）提供するにあたって必要な経営資源をいかなる誘因のもとに集めるか

（4）提供した価値に対してどのような収益モデルで対価を得るか

### 國領二郎氏によるビジネスモデルの定義

ビジネスモデルとは、4つの課題に対するビジネスの設計思想である

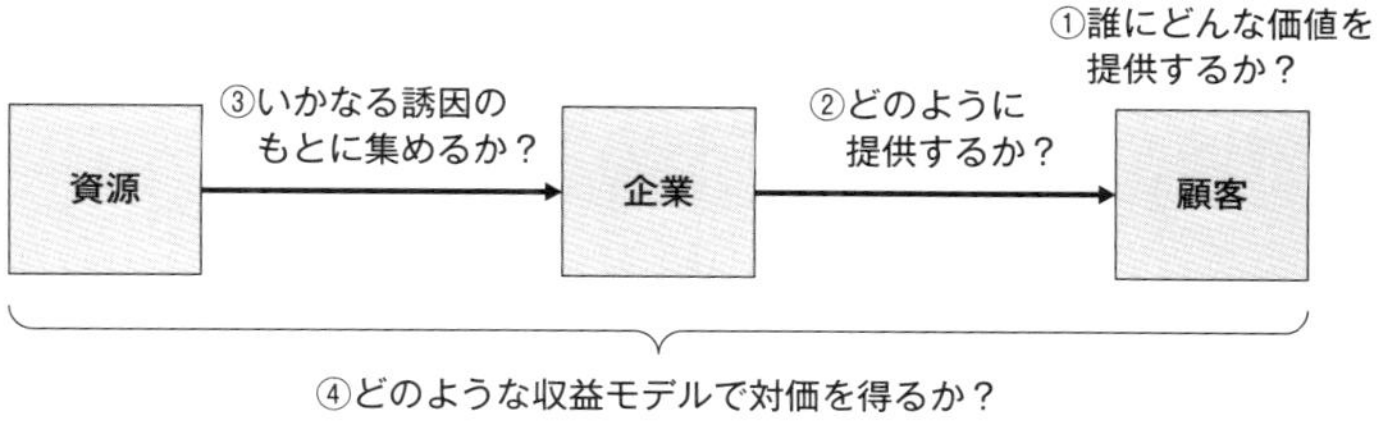


という4つの課題が含まれている。[3] この定義では「設計」という単語が使用されており、ここには各々の問いに対する回答はパズルのピースのようにかみ合ったものでなければならない、という意図が込められている。

## 2 ビジネスモデルの類型

ビジネスモデルを、売り方・儲け方のバリエーションと定義するとわかりやすい。事業にはさまざまな売り方や儲け方があるが、その構造に着目すると、ビジネスモデルの類型としていくつかのパターンに分類できる。ここでは新製品・サービス開発、新規市場開拓という多くの成長戦略としての事業展開のほかに、売り方・儲け方を工夫したいくつかの類型を紹介する。

例えば、〝バンドル〟という売り方がある。1つの商品を単品で売るのではなく、セットで売るという方法である。1つの商品と関連する別の商品をセットで売ることで、顧客にとっての提供価値を高め、商品の販売促進につなげることを狙う。パ

ソコンにソフトウェアをインストールしてセットで売る方法などがこれにあたる。マイクロソフトはOffice製品をあらかじめ複数メーカーのパソコンにインストールして販売し、広く市場に普及することでオフィスアプリケーションのデファクトスタンダードをとることに成功した。

他の展開例としては、インストールベース拡大によるランニング収入という売り方・儲け方の類型がある。これは本体商品を低価格で販売し、まずは多くのユーザーを獲得し、その後、商品使用に必要となる消耗品で継続的に売上をあげるという手法だ。プリンターとインクの販売がこれに当てはまる。プリンターは低価格で販売し、プリンター専用のインクをある程度収益のとれる価格に設定することで、継続的に儲ける仕組みをつくっている。プリンター販売時点で発生する1回限りの収益よりも、販売後数年にわたって使用に応じて発生する収益を得られることは、事業をより長期的に安定させることにつながる。同様の例としては、カプセル式コーヒーや浄水器のカートリッジなど多くみられる。

他の例としては、インターネットを通じたサービス提供において〝フリーミアム〟と呼ばれる販売手法が挙げられる。これは、機能を制限した「ベーシック版」のサービスを無料で提供し多くの人に利用してもらい、一部のユーザーが「有料プレミアム版」にバージョンアップすることを狙うモデルである。インターネット上のサービスは、提供数を増やすためのコストがほとんどかからないため、無料提供により多くの顧客を獲得できれば、その中のわずかな割合でも有料プレミアム版に移行させることができれば収益があがる。例えば、クックパッドはこのモデルを利用して、急成長した企業の代表例である。同社のサービスでは、誰でも無料で一般投稿者のレシピが閲覧でき、月額280円を支払えば、プレミアムサービスとして、人気検索や専門家によるレシピの閲覧など、より付加価値の高いサービスを利用できる。その他、携帯電話をプラットフォームとしたゲームソフト会社にはこのフリーミアムモデルを展開するところが少なくない。

ビジネスモデルの類型を把握することは、事業を創造するときのみならず、むしろ変化の激しい業界において自社の事業転換を図る際、つまり自己革新を行う際にも極めて有効である。ここでは、大きな変化に見舞われ、企業が大胆なビジネスモデルの変革を迫られた3つの業界について触れる。業界の売り方・儲け方のルールが変わった業界においては、自らもビジネスモデルの自己革新を短期間に行わなければ、その業界での事業継続が不可能となる。

**音楽業界**

音楽業界はもともとレコードやカセット、CDなどの媒体に複数の楽曲をセットにして販売する形式を採っていた。ビジネスモデルに変化が起こり始めたのが2000年頃からであり、それまでの物理的な音楽媒体販売からダウンロード販売への移行の兆しが見られるようになった。2005年には、世界各国の音楽産業団体を代表する国際レコード産業連盟（IFPI）が調査報告書の中で2004年に音楽の合法ダウンロードが急増した点に触れ、ダウンロード販売が音楽市場を活性化している点を評価した。この段階で、音楽の販売方法はこれまでのセット販売から楽曲ごとのダウンロード販売、つまりバラ売り形態へと移行した。現在はこのダウンロードに加えて、一定期間定額で聞き放題となる形態（サブスクリプション）での販売も主流になりつつある。アップルやスポティファイ（Spotify）、日本勢もライン（ＬＩＮＥ）等がこのサブスクリプションモデルを打ち出しており、業界における販売形態の変化が起きている。この業界の動きはある一国で起こっているのではなく、グローバル規模で発生している。アメリカ市場が先行し、日本市場はアメリカ市場で起きたことが２～３年遅れで起きている。

## 駐車場業界

駐車場業界もこれまで変化を遂げてきた業界である。元々はマンションやアパートのように、年間単位での賃貸モデルしかなかったが、時代の流れとともに、月極駐車場のように月単位で契約を結び、料金を徴収するモデルが浸透した。コインパーキングによって代金回収の利便性と柔軟性が増した１９９０年代頃からは、15分単位など小分けにした時間単位での貸駐車場が増加し、これが一般化した。さらに、夜間や日中など時間帯に応じて基本料金を変化させる形態もこの段階で多く見られるようになった。駐車場業界の進化はさらに続き、駐車場に止めて課金するのではなく、駐車場に止まっている車を起点にしたカーシェアリング事業が生まれた。シェアリングエコノミーの拡大とともに、駐車場を起点としたカーシェアリングビジネスは拡大し続けている。駐車場業界はこれまでと異なる異業種からの参入プレイヤーと戦い、対応していくことを求められてきている。

## ゲーム業界

現在においても大きな産業の1つとして存在するゲーム業界もまた、儲け方の観点を変化させながら発展してきた。古くはゲームセンターにおける1プレイ当たりの料金体系に遡ることができる。この形態では、単純に一人当たりのプレイ回数を増やすことが収益の増大につながる。その後、家庭用ゲーム機が登場し、ゲームを楽しむ場がゲームセンターから家庭内へ徐々に移行するにともない、収益拡大の手段も変化し始めた。具体的にはハードを安価、ソフトを高価という価格体系に設定することでハードをプラットフォーム化させ、ソフトで収益の増加を図ったのである。2010年代に入りゲームを楽しむ場の1つとしてスマートフォンが台頭し、ゲームは手のひらの中に主戦場が移ってきた。それにともない、ビジネスモデルも進化し、ゲーム開始時を無料にして、その後の広告収入や有料コンテンツの課金収入で収益を確保するモデルが増加し始めている。

このような変化の激しい業界においては、企業はその変化を見極め、事業を根本的に転換しなければならない局面が生じる。そのような環境下では異なるビジネスモデルを持つ会社との戦いを強いられることになる。他方、さまざまなビジネスモデルを把握し引き出しを多く持っていると、成熟した業界においても、ビジネスモデルをフックにして変化を起こし、ビジネス機会としてさらなる飛躍につなげることができる。

## 3　ビジネスモデルの切り口

### （1）売り方・儲け方

事業成長の枠組みは、製品と市場の2軸を基準としたアンゾフの成長マトリックスが有名である。ビジネスシーンにおいて「何を誰に売るのか」はしばしば問われることであり、これは製品と市場の2軸に該当する。そして、ビジネスモデルを考える上では、それらの2軸に加え「売り方・儲け方」が重要な切り口となる。最も戦略性が求められるのがこの3番目の軸である「どのように売るのか・儲けるのか」を問うものであり、儲けを生み出すための仕組み、効率的なお金の循環構造を構築する決め手となる。

「売り方・儲け方」において優位性の高いビジネスモデル構築の例として、日本の航空会社が考案した航空業界のマイレージプログラムが挙げられる。このモデルは他人の財布を活用する儲け方の一例であり、「Other People's Money（ＯＰＭ）」と呼ぶことができる。マイレージプログラムは、アメリカ市場で始まった。アメリカの航空業界では、よく利用してくれる人（Frequent Flyer）への特典として、移動距離に応じて自社の顧客に対して自社のサービスを利用できるマイレージを発行していた。日本国内では、１９９０年代後半に大手航空会社がアメリカの航空会社同様、顧客の囲い込みのために導入した。この時点では単純に航空会社と顧客間での関係性に過ぎなかった。そ

## ビジネスモデルで重要な軸

アンゾフの成長マトリックス

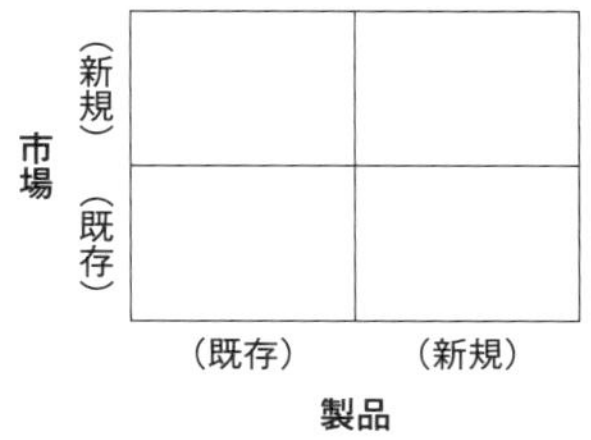


ビジネスモデルで重要な第３の軸

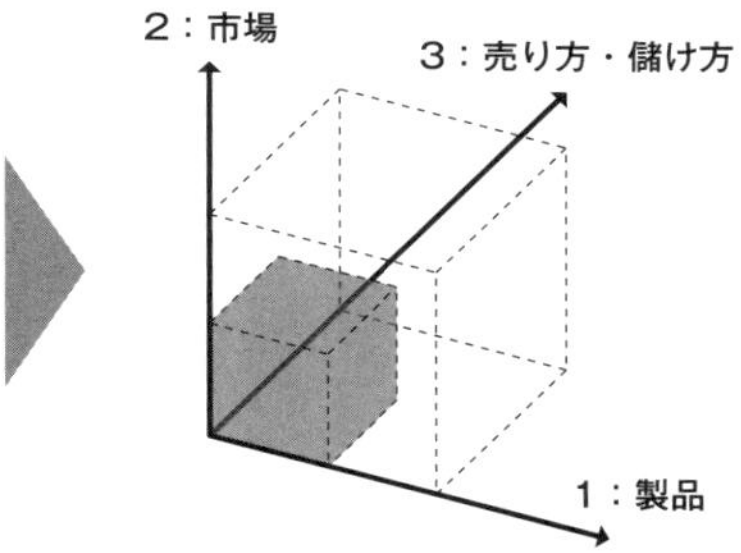


の後、各航空会社が自社と提携関係にある航空会社もマイレージ発行の対象とした。ＪＡＬはキャセイパシフィック航空やブリティッシュエアウェイズが所属するワンワールド、ＡＮＡはユナイテッド航空やルフトハンザドイツ航空が所属するスターアライアンスをマイル発行の適用範囲とした。航空業界の中でもプレイヤーの範囲はグローバル規模に拡大した。さらに、日本の航空会社は、そのビジネスモデルの展開力がユニークだった。日本の航空会社は自社のマイレージプログラムのマイル・ポイントをホテルや小売店などさまざまなプレイヤーへ販売し、囲い込み網を拡大、発展させていったのである。これにより、航空業界以外の企業（航空会社のマイレージプログラムにより、「特約店」や「加盟店」と呼称される）を巻き込み、自社の顧客がこれら提携企業の店舗で日常的に買い物をした際にもマイレージが発行される仕組みを構築した。

　このように、マイレージプログラムは飛行機利用から

### Other People's Moneyの例：マイレージプログラム

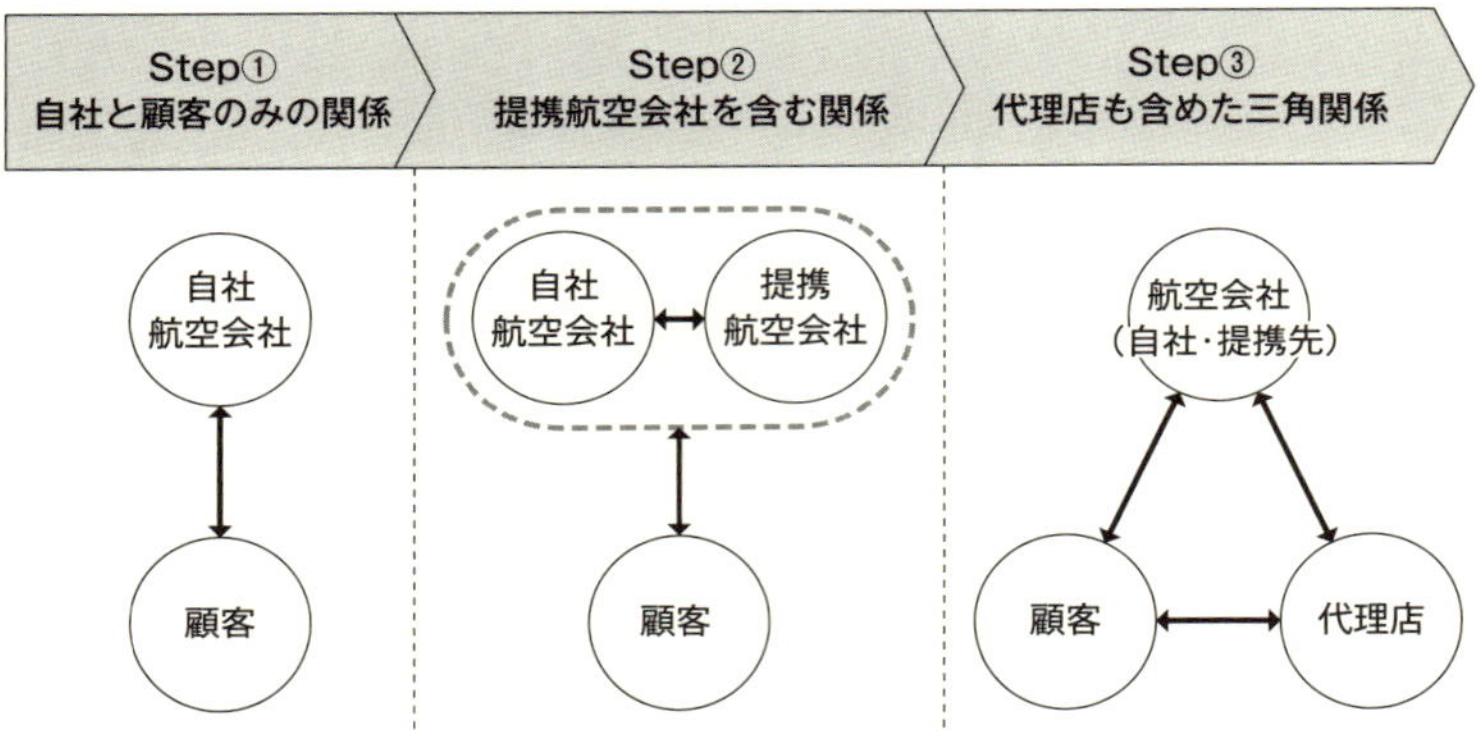


日常生活での買い物に至るまで、徐々に顧客の囲い込み網を拡大させてきたが、ここで注目すべきは、顧客を囲い込むプレイヤーの拡大に加え、その拡大にともなって収益を得る構造が変化してきた点である。当初は自社サービスの利用に応じて顧客に対して直接マイレージを発行していたが、マイレージの販売や精算の対象は顧客から間に入るようになった提携航空会社や特約店・加盟店へと変化した。それに伴い、収益が発生するタイミングもそれらのプレイヤーへマイレージを発行するタイミングへと変化してきた。現在のマイレージプログラムは、顧客の飛行機利用以外の需要を取り込み、提携会社を間に入れることで販売促進と需要変動の軽減というメリットを享受する堅牢なビジネスモデルとなっている。

アメリカの航空会社がマイルを自社の運行する便の座席でしか利用できず、飛行機の有料稼働キャパシティを苦しめていったのと対照的なビジネスモデルを

ビジネスモデルの要諦

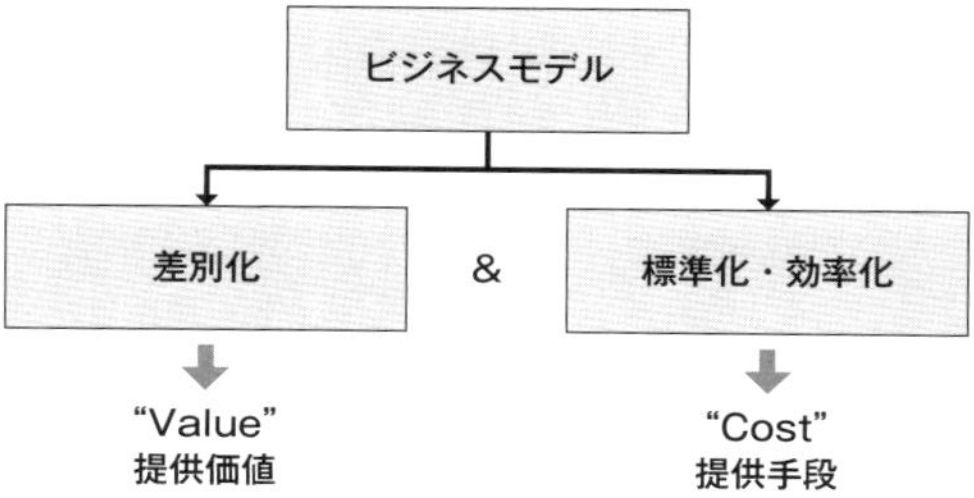


日本の航空会社はつくることに成功した。

## （2）差別化と標準化・効率化

ビジネスモデルを構築する際に、差別化と標準化・効率化という2つの視点に着目し、この2つを両立させることが肝要である。差別化とは、顧客にとって他社よりも優位性を持つ提供価値の構築であり、標準化・効率化とは、価値提供の手段における合理性の確保である。端的にいうと、差別化はバリュー、標準化・効率化はコストに着目したものといえる。優れたビジネスモデルは差別化と標準化・効率化の一見相反する方向を包含している。

この2つの視点を包含し優れたビジネスモデルを実現した例の1つに1996年に設立されたDDホールディングスが挙げられる。同社は、〝100店舗100業態〟を目標に掲げ、飲食各店舗別にコンセプトを設け、飲食事業を拡大させてきた。今でも飲食店の常識は、あるブランドを確立し、効率よく同じ店舗フォーマットを出店し、認知度と調達力によるコスト競争

## DDホールディングスのビジネスの仕組み

| | |
|---|---|
| 経営戦略 | ■起業家発想で、"100店舗100業態"を目指す<br>■都心で卓越したコンセプト・ブランドを押し出した個店を作り、積み上げる戦略 |
| 事業の仕組み | ■物件開発 - ターミナル駅などの都心立地を獲得<br>■店舗開発 - 企画部と現場で、話題となるコンセプトを考案し、店づくりを実行<br>■店舗運営 - 効果的な広告・PRとコスト管理の徹底 |
| 人材・経営管理 | ■3つの約束の徹底<br>①お客様に喜んで頂く<br>②店のコンセプトは外さない<br>③予算に基づいた適正な利益を上げる<br>■3つの約束以外はすべて店に任せる |

力を高めるモデルが一般的である。だが、同社のビジネスモデルは差別化と標準化・効率化の２つを同時に達成している。１つのコンセプトに基づいた店舗を拡大するのではなく、店舗別にコンセプトからつくっている。具体的には、先に出店場所を決め、その出店エリアの雰囲気や周辺競合店舗の状況を勘案しつつ、その店舗のコンセプトを策定する。あたかも立地にあった個店レストランを開業するようなものである。特定のコンセプトに制限されることがなくなり、あらゆる立地に対して出店チャンスが得られ、より俊敏なアクションが可能となる。また、同一のコンセプトを一気に展開する戦略ではないため、コンセプトが顧客に飽きられ陳腐化する速度もより遅くなる。個別店舗から企業全体に視点を転じてみると、特定のコンセプトや店舗に頼った戦略ではないため、多くのコンセプトを企業内に保有しておくこのマルチコンセプト戦略はリスクヘッジが容

易に行える結果にもなる。一方、標準化・効率化要素としては、仕入の共有化が挙げられる。コンセプトは異なるが同じグループ内に存在する店舗であり、仕入の大半を共有することで、食材費の低減、調理プロセスの平準化をすすめ、コストの削減に繋げている。DDホールディングスは、2018年現在、売上高450億円、営業利益22億円の規模にまで急成長した。

### （3）トールゲートモデル

ビジネスモデルを考える上で、優位性のある儲け方の仕組みは不可欠な要素である。ボストン・コンサルティング・グループ（BCG）が考案したトールゲートモデルというフレームワークは、この儲け方のパターンを高速道路になぞらえ、次の4つに分類している。[4)]

①**入口（撒き餌・イネーブラ）**：高速道路の車線に入って自社のコアサービスを使用してもらうために設けた施策。ユーザーにとっては比較的抵抗感が少なく導入できるという点で、本サービスを普及させるための〝撒き餌〟という位置付け。

②**料金所（トールゲート）**：入り口を通過してきたユーザーに対して本サービスに対する料金徴収を行い、収益を得る施策。

③**拡大（エンラージメント）**：料金所を通過し自社サービスを使用しているユーザーに対して、周辺分野における付加事業サービスを提供する事で、収益源の拡大を図る施策。高速道路の事例

## トールゲートモデル

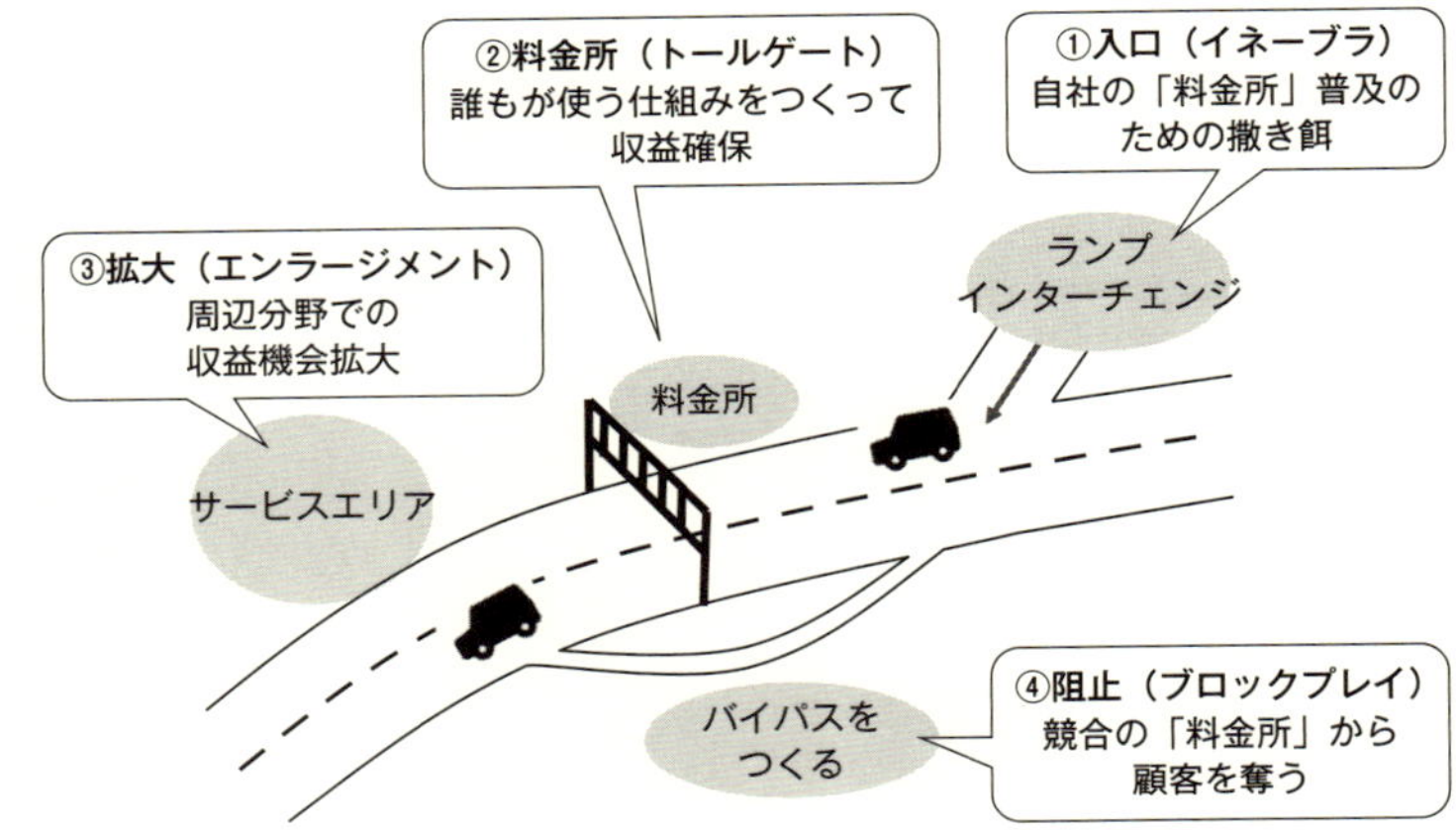


※『ＢＣＧ戦略コンセプト　競争優位の原理』（水越豊　著／ダイヤモンド社）をもとに作成

では、サービスエリアにおける飲食提供等が挙げられる。

④**阻止（ブロックプレイ）**：料金所を設けている企業に対して料金所を通らなくても済むようなバイパスを作って顧客を取り込む儲け方の施策。逆に料金所を設定している企業から見た場合は、「そのようなバイパスを作らせない＝サービスを使用しているユーザーの流出を阻止する」ための施策を取る必要がある。

携帯電話事業の儲け方は、まさに上記のトールゲートモデルで捉えることができる。今では採られていない施策ではあるが、携帯電話サービスが普及し始めた時期、端末そのものは無料で配られていた。

大手キャリアが陣取り合戦を行う中で、自社端末をいかに手に取ってもらうのかが勝負の鍵だったからである。つまり、無料で端末を配布することは「撒き餌」なのである。そして、携帯電話サービスに通話のサービスだけではなくコンテンツを絡めてユーザーに重ね売りしていくのは、ここでいう「拡大（エンラージメント）」に当たる。さらには、料金を安く抑えるかわりに契約期間を「2年縛り」にしたり、契約期間が長期にわたるほど基本料金などの割引率を高めるのは、他社キャリアがバイパスをつくるのを封じ込める施策にあたる。このように、ある商品・サービスの儲け方は複数の施策が絡み合って構築されている。

## （4）ビジネスモデルキャンバス

ビジネスモデルを構築する際に有効なフレームワークとして、アレックス・オスターー・ワルダー氏、イヴ・ピニュール氏により考案されたビジネスモデルキャンバスがある。このフレームワークは、GE、P&G、インテルなどの多国籍企業で採用されているほか、スタンフォード大学の起業家向けのプログラムにも取り入れられている。ビジネスモデルキャンバスでは、ビジネスモデルを「組織が財政的に存続するための論理」と定義し、提供価値（Value Proposition）、顧客セグメント（Customer Segments）、顧客との関係（Customer Relationships）、チャネル（Channels）、主要アクティビティ（Key Activities）、主要リソース（Key Resources）、それらの活動やリソースに係る主要パートナー（Key Partners）、収益（Revenue Streams）そしてコスト（Cost Structures）の９つの要

## ビジネスモデルキャンバス

<table>
<tr><td rowspan="2">KP<br>（主要パートナー）</td><td>KA<br>（主要アクティビティ）</td><td rowspan="2">VP<br>（提供価値）</td><td>CR<br>（顧客との関係）</td><td rowspan="2">CS<br>（顧客セグメント）</td></tr>
<tr><td>KR<br>（主要リソース）</td><td>CH<br>（チャネル）</td></tr>
<tr><td colspan="2">CS（コスト）</td><td colspan="3">RS（収益）</td></tr>
</table>

出所：アレックス・オスターワルダー、イヴ・ピニュール「ビジネスモデルジェネレーション」翔泳社（2012年）

素から構成されるものとしている。これらの9つの要素間の流れを書き込むことによってビジネスモデル全体が可視化される。

1つ目の要素として挙げられるのは、顧客に対して提供される価値である。提供価値は、顧客の抱える問題を解決したり、顧客ニーズを満たすものでなければビジネスとして成立しない。既存市場にはない新しい価値を提供するのか、または特定の顧客にカスタマイズされた価値を提供するのかなどさまざまな方向性を探ることが求められる。2つ目の要素が顧客セグメントであり、誰をターゲットとするか、最も重要な顧客は誰かを決定する。ここでは、メインストリームの顧客層をターゲットにマスを狙ってゆくのか、もしくはニッチを狙うのかといった選択肢が考えられる。また、市場を細分化し、特定グループの顧客に対してその特有のニーズを捉えるのも有効な方法といえる。3つ目の要素である顧客との関係については、顧客がどのような関係を求めているかと

## ビジネスモデルキャンバスの要素

| | |
|---|---|
| 提供価値 | ■顧客にどんな価値を提供するのか<br>■どのような問題の解決を手助けするのか |
| 顧客セグメント | ■最も重要な顧客は誰か<br>■誰のために価値を提供するのか |
| 顧客との関係 | ■顧客がどんな関係を構築してほしいと期待しているか<br>■どんな関係を既に構築したのか |
| チャネル | ■顧客セグメントにどのようなチャネルでリーチするか<br>■どのチャネルが費用対効果が高いのか |
| 主要アクティビティ | ■価値提案に必要な主要活動はなにか |
| 主要リソース | ■価値提供に必要なリソースはなにか |
| 主要パートナー | ■主要なパートナーは誰か<br>■どの主要活動をパートナーが行うか |
| 収益 | ■顧客はどんな価値にお金を払うのか<br>■何に、どのようにお金を払っているのか |
| コスト | ■最も重要なコストはなにか<br>■どのリソース／主要活動が最も高価か |

出所：アレックス・オスターワルダー、イヴ・ピニュール「ビジネスモデルジェネレーション」翔泳社（2012年）

いう視点から考察する。例えば、顧客と企業をつなぐコミュニティの構築や個々の顧客に対応するパーソナルアシスタンスの導入など、顧客との関係を築くさまざまな手段が考えられる。４つ目のチャネルの要素では、顧客セグメントにどのようなチャネルでリーチするか、さらにどのチャネルであれば費用対効果が高いかを検討する。認知、評価、購入といった購買プロセスのそれぞれにおいて顧客につながるさまざまなルートを検証する必要がある。５つ目の要素は主要アクティビティであり、価値提案に必要な主要活動が何かを考える。商品の開発、製造、販売、宣伝広告、サポートなどバリューチェーンごとに、どのような活動が有効かを検討しなければならない。６つ目の要素として挙げられるのが、価値提供に必要となる主要リソースである。これには、物理的なリソースだけでなく、ナレッジや人的・ファイナンス的リソースが含まれる。７つ目に、どの主要活動をパートナーと行うか、また誰と組むかを検討することが必要となる。例えば、自社で行うと非効率な業務をパートナーに依頼したり、リスクや不確実性を低減するために社外と協業するといった選択肢が考えられる。８つ目の主眼点は、収益である。顧客がどんな価値に対していくら払うのか、またどのような支払い方法を望むのかに着目する。価格については、固定価格なのか、変動価格なのかといった観点や、支払い方法についても売り切り、使用料、ライセンスなどさまざまな選択肢がある。最後の要素として、コストが挙げられる。その提供価値に対し特有の最も重要なコストは何か、どのリソース・主要活動が最も高価かを精査しなければならない。また、固定費・変動費の特定や需要の増加とともにコストがどのように変わるかなども留意点となる。これら９つの要素に着目し、それぞれの流れを視覚的に把握することで、ビジネスモデル全体の理解が明確になり、実務の場でのビジネスモデル構築に役立つのである。

## 4　ビジネスモデル構築により飛躍的な成長を遂げた事例

よいビジネスモデルを構築することができると、事業の成長を加速させ、ビジネスを飛躍的に拡大することが可能となる。その好例として日本M&Aセンター、JINS、鳥貴族の3社を紹介する。

### （1）日本M&Aセンター

日本M&Aセンターは事業会社の売り手と買い手をつなぐ事業を展開しており、M&A仲介分野におけるリーディングカンパニーである。少子高齢化の影響により事業継承が困難なケースが多く、そのような企業のM&Aに対するニーズを汲み取り、事業を拡大してきた。同社の差別化要素は、豊富なM&Aマッチング先であり、M&A候補先を全国規模の士業・銀行ネットワークから自動的に組み上げる仕組みを構築している。そのネットワークは、約300の地域金融機関（全国の地方銀行の9割、信用金庫の8割）、700超の会計事務所、1670の士業者、商工会議所（東名阪など全国）と幅広く、これらのネットワークを通じて最適なM&A候補先とのマッチングを可能に

## ビジネスモデル構築により成長を加速させた企業例

| | 差別化 | 標準化・効率化 |
|---|---|---|
| 日本M&Aセンター | ■多くのM&Aマッチング先<br>■士業・銀行ネットワークによる全国規模で自動的な情報収集 | ■価格算定を数式化<br>■コンサルタントのマニュアル化 |
| JINS | ■価格の分かりやすさ（3プライス）<br>■低価格<br>■ファッション性の高さ | ■SPAモデルによる低コスト構造<br>■1時間程度で眼鏡の受け渡しが可能<br>－効率的な視力検査<br>－店舗での眼鏡加工 |
| 鳥貴族 | ■均一価格・高品質<br>－ほとんどの食材が国産<br>－280円均一のメニュー（※） | ■焼き鳥に特化し原材料コストを低減<br>■トータルとして一定の利益を確保できるメニューミックス<br>■戦略的な店舗展開 |

※2017年10月、280円均一から298円均一に変更。

している。標準化・効率化の要素としては、価格算定の数式化とコンサルタントのマニュアル化が挙げられる。成功報酬については、買収金額によって決められた料率を適用し、移動資産ベースで算出することとしており、明確な価格設定を提示している。これにより価格交渉によって時間を浪費し、M&A機会を逃したり、顧客との信頼関係を損なうなどのリスクを軽減している。また、コンサルタント育成については、業務をマニュアル化し、顧客に対して均一で高品質なサービスを提供できる仕組みをつくっている。会社の成長にともないコンサルタントの人数が急増する局面においても、その質を下げることなく、顧客に対して高いレベルのサービスを維持している。

同社は２００７年に東証一部上場を果たし、２０１８年3月には売上２４６億円、経常利益１１７億円の規模にまで成長している。

## （2） JINS

１９８８年設立されたＪＩＮＳは、革新的なビジネスモデルによって眼鏡業界を変えた風雲児といわれている。同社が大きく成長した要因は、スリープライス設定というわかりやすい価格設定にあり、これが差別化要素となっている。従来の価格設定は、フレームとレンズが別料金になっており、最終価格がレンズによって万単位で幅が生じるという状況が発生していた。ＪＩＮＳでは、フレーム・レンズ・ケースのセット価格が５０００円、８０００円、１２０００円の３つの価格に絞られており、価格帯も従来の眼鏡よりかなり低く設定されている。また、わずか10ｇという軽さのエアフレームなど、素材や機能性にもこだわっており、デザイン性にも定評がある。一方、標準化・効率化の要素としては、ＳＰＡ（製造小売業）の形態により自社ブランドの企画、海外の協力工場での製造、自社店舗での販売といった一連のバリューチェーンを最適化している点が挙げられる。また店舗で視力検査を行い、簡単なレンズ加工を施すことで、1時間程度の短時間で顧客への商品受け渡しが可能となっている。このようにＪＩＮＳは従来の眼鏡業界の常識を覆す新しいビジネスモデルを展開し、急成長を遂げた。２０１３年には東証一部上場を果たし、２０１７年には売上高５０４億円、店舗数は４４９店舗を達成している。

### （3）鳥貴族

人口減や若者のアルコール離れ、飲酒運転の厳罰化などにより居酒屋市場の縮小が続く中、右肩上がりの成長を続けているのが鳥貴族である。同社は現在全国に615店舗を展開する居酒屋チェーンであり、店舗数はモンテローザグループが運営する魚民について業界第2位である。同社の強みは、メニュー全品が280円均一[5)]という低価格でありながら、国産食材にこだわった高い品質を提供している点にある。客単価2000円で、顧客は十分満足できる量の飲食ができるよう熟慮されたメニューとなっている。また、100％国産鶏肉を60グラムという従来の焼き肉店の約2倍の大きさで提供し、店舗で串打ちをすることで、味のクオリティを追求している。均一価格で高品質な点が差別化要素といえるが、一方でそれらを支える標準化・効率化の仕組みは同社のメニューミックスと店舗展開にある。つまり、メニューを焼き鳥に特化し、メニュー数も65品目と絞ることで、仕入や調理工程における低コスト構造を確保している。また、利益率の高いメニューと低いメニューを戦略的に組み合わせ、トータルとして一定の利益を確保できるようにメニューミックスを緻密に設計している。また、店舗は平均坪数30～50坪と比較的小型で、家賃が割安な地下や空中階にも積極的に出店を進めている。繁華街に複数店舗を集中して展開することで、顧客への認知度向上とともに食材配送や人材確保面での効率アップを狙っている。このような考え抜かれたビジネスモデルを構築することで、鳥貴族の売上高は293億円、経常利益14億円（2017年7月期）と過去3年間でそれぞれ2・0倍、1・7倍に増やしている。

## 5 「ビジネスモデルの再構築と展開」をビジネスモデルにしているアマゾン

アメリカの巨大IT企業4社グーグル、アップル、フェイスブック、アマゾンはそれぞれの分野でプラットフォーマーとしての支配的な地位を築いており、昨今ではその頭文字をとってGAFAと呼ばれ注目を集めている。中でも、アマゾンは軸となるビジネスモデルの堅牢性とそれを横展開して拡大する能力において抜きんでた企業といえる。アマゾンの強みは、特定の強い技術や市場を持っていることではなく、シンプルなビジネスモデルを再構築し、あらゆる関連分野に展開している能力に尽きる。

アマゾンのビジネスモデルは、創業者のジェフ・ベゾス氏が創業間もない頃にとあるレストランの紙ナプキンに書いたビジネスモデル図に端的に示されている。同社は、徹底した顧客志向に根差し、低価格と豊富な品揃えにより豊かな顧客体験（Customer Experience）を実現することを第一のミッションとしている。そして、豊かな顧客体験により多くの顧客（Traffic）を惹きつけ、その顧客を求めて多くの売り手（Sellers）が集まることで、品揃え（Selection）がさらに豊富になるという好循環を構築している。それに加え、多くの顧客ベースを保有していることで、規模の経済性により低コスト構造（Lower Cost Structure）を構築し、さらに低価格（Lower Prices）を実現すると

## アマゾンのビジネスモデル

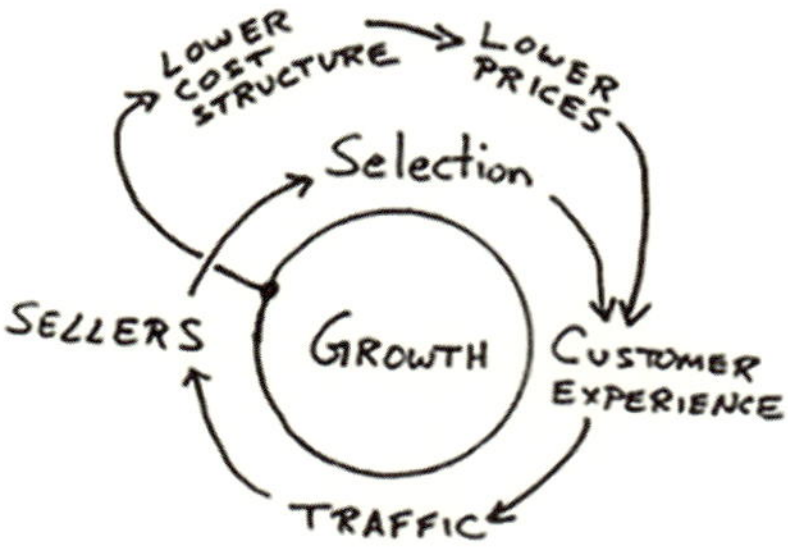


いうもう1つの好循環をつくっている。低価格と豊富な品揃えを支える2つの循環を絶え間なく回転させることで、さらに多くの顧客獲得に繋げ、事業を拡大するというビジネスモデルである。

このような優れたビジネスモデルによりECビジネスの覇者となったアマゾンであるが、ECビジネスで得られた顧客ベースとノウハウを活用して、周辺のさまざまな分野に事業を横展開している。これについては先にも述べたとおりであるが、クラウドサービスを提供するAWSやドローンを活用した物流ビジネス、電子書籍であるKindle、動画配信サービスを提供するAmazonプライム、決済サービスを提供するAmazon Payなどの例が挙げられる。ECビジネスに軸足をおき、バスケットボールのピボットのように、もう片足を周辺のさまざまな分野に伸ばし、ビジネスを拡大してきた。同時にいずれの事業においても、価格や品揃えで高い顧客満足度を実現しており、これは創業当初のビジネスモデルが現在も忠実に守られていることを示している。

## アマゾン　ビジネスモデルのピボット展開

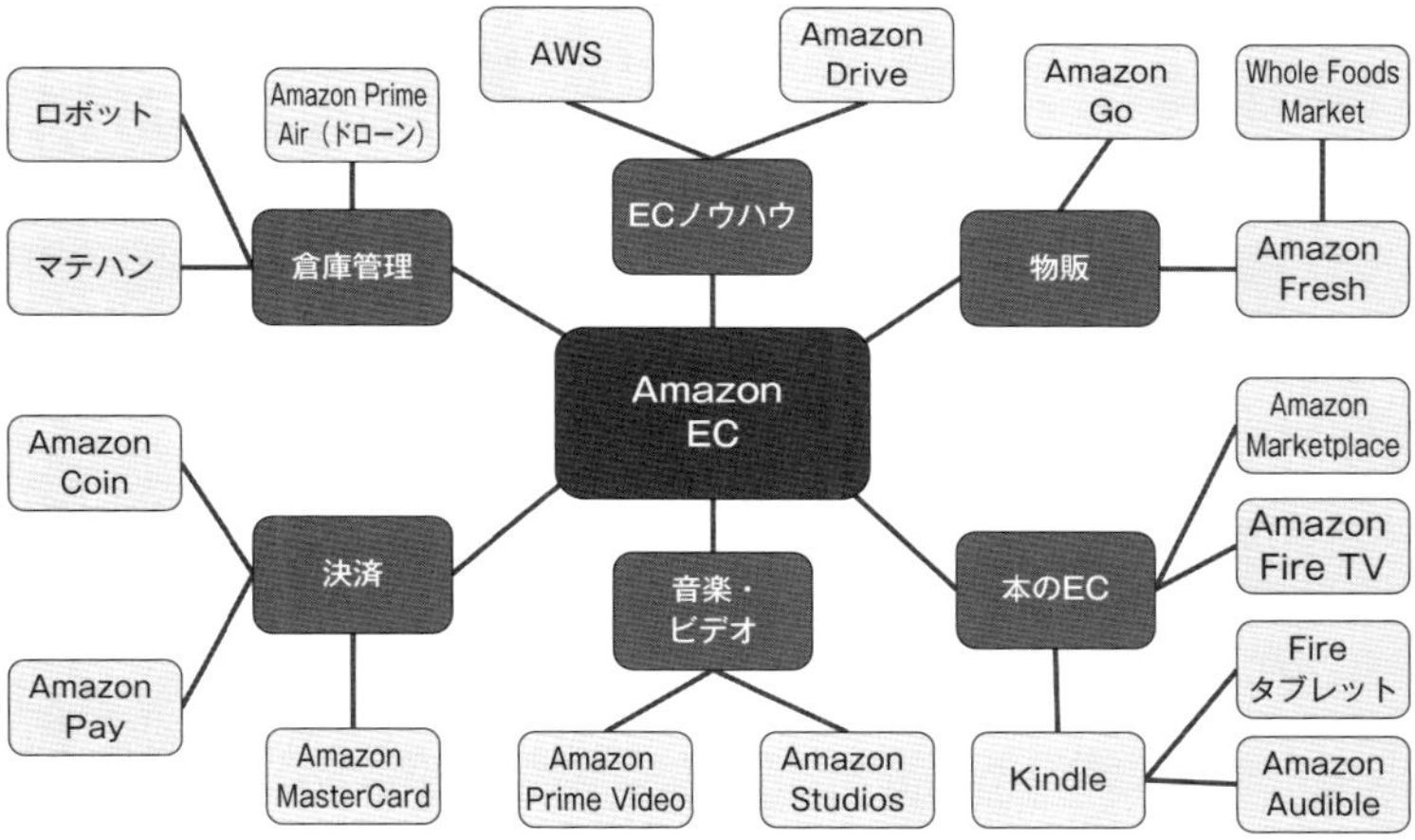


## アマゾンの売上高推移

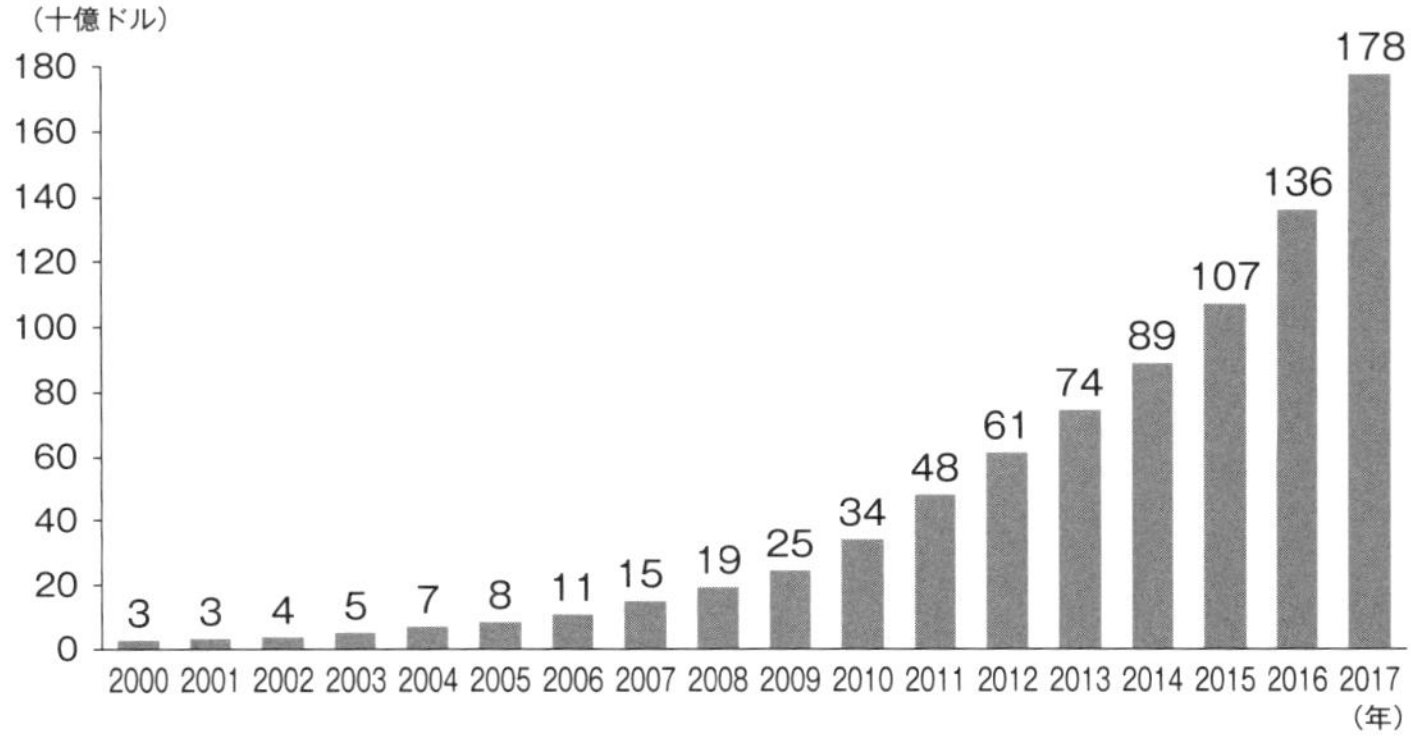

アマゾンは、他社に追随を許さない卓越したビジネスモデルの構築とともにそれを再構築して周辺分野に進出していくダイナミックな事業展開により、創業24年を経た今でもビジネスを爆発的に成長させている。２０１７年の売上高は１７８０億ドル（1ドル＝１１０円換算で19・６兆円）で、２０１４年の売上高８９０億ドル（1ドル＝１１０円換算で９・８兆円）に比較すると、3年で2倍の規模に拡大した。ビジネスモデルを関連性がある事業分野に急速な勢いで展開する能力をモデル化し、それ自体がビジネスモデルとなるほどの差別性を確立した。

【注】

1） Amit,R. & Zott,C.: Value Creation in E-Business, Strategic Management Journal, vol.22: 493-520, 2001
入山章栄、『ビジネススクールでは学べない 世界最先端の経営学』日経ＢＰ社（２０１５）

2） Thomas R. Eisenmann: Internet Business Models. Mc-Graw-Hill Irwin: NY, 2002

3） 國領二郎「オープン・ソリューション社会の構想」日本経済新聞社（２００４）

4） 水越豊「ＢＣＧ戦略コンセプト　競争優位の原理」ダイヤモンド社（２００３）

5） ２０１７年10月、均一価格を２８０円から２９８円に変更

chapter 9

# 事業の成長戦略

## 1　企業の成長ステージとその特徴

成長する企業が抱える経営課題は、成長ステージごとに異なる。課題が異なるので、ステージごとに対処すべき事項・アクション・やり方も異なる。企業規模の軸だけ見ても、創業したての事業規模が数人の会社と、社員数が増え、拠点も増え、さまざまな事業領域に展開し、組織も階層構造を深め、子会社も設立され……と成長ステージが異なると、同じ企業でも、やることはまったく異なる。

さまざまな規模の日本企業に対し成長戦略の立案と実行の手伝いをさせていただいた経験をもとに、企業の成長ステージを大胆に分類すると、その売上高の違いによって企業は6つのグループに分けられる。それぞれの規模の会社にネーミングを付けるとすると、①：1兆円以上の「巨大企業」、②：売上3000億円～1兆円の「大企業」、③：売上1000億円～3000億円の「大中企業」、④：売上100億円～1000億円の「中堅企業」、⑤：売上10億円～100億円の「中小企業」、そして⑥：売上10億円未満の「零細企業」となる。それぞれのステージで抱えている課題やマネジメントスタイルは異なっている。以下、日本の上場企業を念頭に置きつつ、その特徴、課題、経営者像、成長戦略の具体的な状況を見ていこう。

売上高が日本で最大の企業はトヨタ自動車であり、2018年3月期の売上は29兆円に達する。

**企業の成長ステージ**

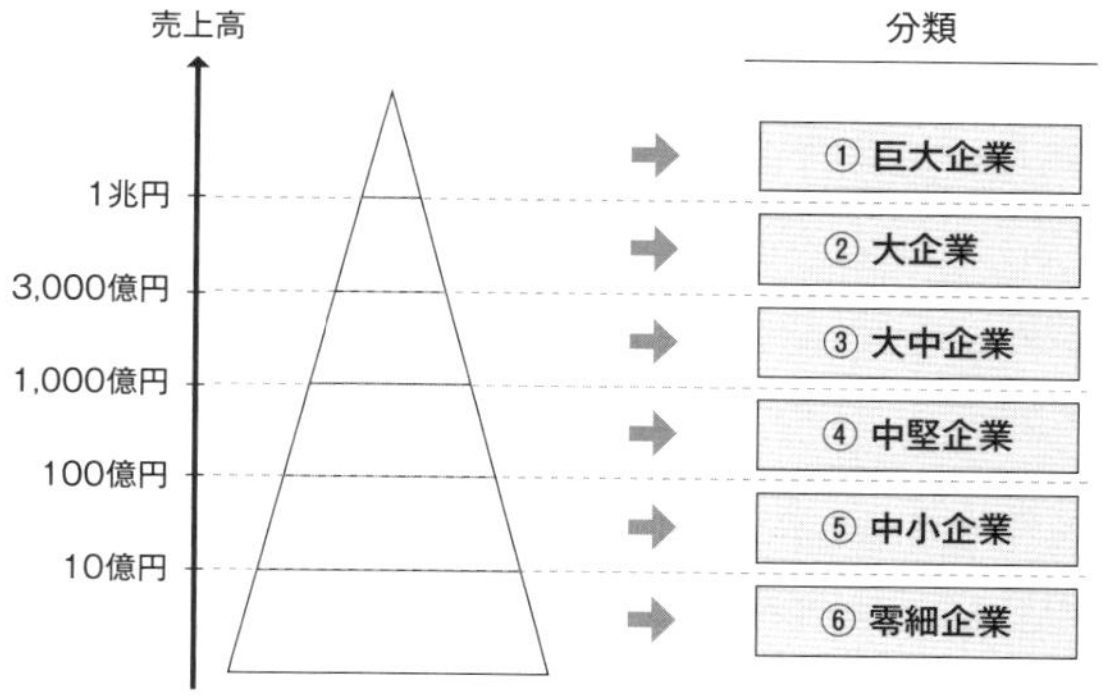


ホンダ、日産自動車などの大手自動車メーカー、KDDI、NTTドコモ、ソフトバンクなどの大手通信サービス企業、日立、ソニー、パナソニックなどの大手エレクトロニクスメーカー、三菱商事や三井物産の大手商社、イオンやセブン&アイ・ホールディングスなどの大手流通企業などが「巨大企業」のステージに属する。売上高1兆円以上の巨大企業に属する上場企業数は145社、上場企業全体のわずか3・9%に限られる（2018年5月時点。以下、この項の企業数についてのデータも同様）。

このステージに属する企業の従業員規模は一般的に数万人に上り、会社の経営状況は盤石で、知名度は極めて高い。発展途上の国や小国の保有現金を超える企業もあるくらいである。会社がなくなるということはほとんど考えることはできず、もし倒産などということになるとホームカントリーである日本経済を揺るがすくらいのインパクトがある。この段階にある企業の課題としては、グローバル競争や標準規格への対応、為替対応、異質人材の管理、社会的使命の達成などが挙げられる。大規模な組織の運営は時として官僚的・政治的な体質に陥る傾向がある。この規模の企業の経営者像としては、グローバル経験を積んでおり、政界・財界・監督官庁とのパイプを持ち、社内での人望に厚く、幅広い教養と深い洞察力を合わせ持つ人材である場合が多い。この規模の企業が標榜する成長戦略は〝グローバル市場で戦い、世界トップ企業を目指す〟ことという場合が多い。

売上規模でみると次のグループを形成する「大企業」の国内上場企業数は271社、全体の7・4%を占める。具体的な企業名でいうと、セコム、ヤフー、日東電工、NOK、キユーピー、ファナック、日清食品ホールディングス、HOYA、伊藤園、アスクルなどが該当する。このステージにおける企業の従業員数は概ね数千人規模、アメリカ、アジア、ヨーロッパの3極で事業をしている場合が多い。また、単一事業ではなく、子会社やブランドなど〝複数のマネジメント〟を行っていることが多い。

一方、この規模に属するBtoB企業の中には日本精工やSCREENホールディングスなどのように、業界内で有名であるが、まだまだ一般的には知名度がそこまで高くない企業も存在する。つまり、日本を代表する隠れた優良企業も存在する。課題としては、創業からの時代経過と組織の肥大化により、創業・起業精神が薄れてきてしまい、組織は保守的で非効率な大企業病に陥っている場合が少なくない。このステージの企業の経営者像としては、社内の実力者が想起されるが、外部人材としてプロ経営者を雇う場合も多く見られる。

次の「大中企業」の上場企業数は516社、全体の14・0％を占める。このカテゴリーに属する企業は、例えばカルビー、エービーシー・マート、栗田工業、ヒューリック、日産化学工業、J－オイルミルズ、ユナイテッドアローズなど業種も多岐にわたっている。伝統的な企業もあれば、成長して当該ステージに至っている企業など、その属性もさまざまである。このステージの企業の従業員規模は大企業同様、数千人程度である。成長過程として、一気にこのステージを突き抜けて、大企業に行く場合もあるが、多くの場合、ここから一皮むけるか否かという段階の会社が多く、事業戦略・経営戦略とその実行が特に重要になるステージである。組織体制としては大きく、一通りの企業としての機能が備わっているが、完璧ではなく、機能の抜け漏れが起こりやすくなり〝大企業病〟の兆候を感じる企業もある。「誰かがなんとかしてくれるだろう、よほどのことがない限り会社は潰れないだろう」、という中だるみ的な発想を社員がしてしまいがちなのも、このステージの企業に見られる特徴である。経営者像としては、年齢が高い創業経営者、社内の実力者、子会社である場合には親会社からの出向者などがいる。この段階の企業には事業面・経営面共に改善の余地が存在する。いずれの業界でも「3000億円クラブ」の壁があり、売上3000億円の突破が経営目標になっている会社が多い。

「中堅企業」の上場企業数は1764社、これは全体の47・9％であり、およそ半数を占める。名の通った企業もあれば、社歴の長い企業でも一般の人には名前が知られていない優良企業もある。大企業の子会社もあれば、ベンチャーとして立ち上げた後に成長してこのステージに属するようになった企業もある。企業の従業員規模は数百人、組織は社内で有力な数名に依存した経営を行っている企業もみられ、成長が停滞している企業も散見される。地元の雄であり、その地域の雇用源となっている企業もこの規模には多い。この中堅企業の社員の意識の持ち方・経営者のリードの仕方で、一気に飛躍を遂げる企業がある一方、こうした段階にとどまり、1000億円を目の前に足踏みをする企業も多い。売上1000億円突破は1つの共通した目標である。この規模の企業の経営者像としては、創業社長・オーナー経営者やオーナー一族である場合が多く、経営人材が薄く、社長の右腕となるような人材が十分にいないこと、事業モデルの広げ方に工夫の余地が存在することなどが経営の課題として挙げられる。今後の有望企業に育ちそうな面白い会社が多いのもこのステージの特徴である。

上場企業の中でも「中小企業」のカテゴリーに属する企業は901社、全体の24・5%を占める。事業が立ち上がり始めている時期で、一般的には事業モデルが固まり、上場を足がかりとして、知名度を高め成長を加速させようという会社が多い。組織の視点では、企業の経営者像はオーナー経営者が多く、企業の従業員数は数十人〜数百人規模である。上場していることによって、四半期・年度で公開するプレッシャーの中で、事業面、組織面、制度面、人材調達・教育などを効率的に同時進行的にトップダウンで実行していかなければいけない状況の会社が多い。人の増加により、組織体制の整備と、職務権限の明確化は必須になっている。また、このステージに属する企業

## 各成長ステージにおける企業の状況

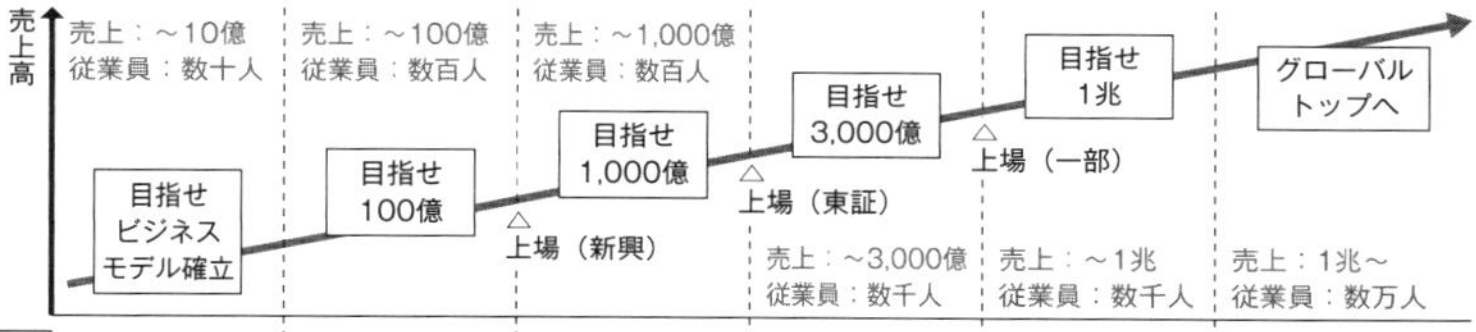


| | ⑥零細企業 | ⑤中小企業 | ④中堅企業 | ③大中企業 | ②大企業 | ①巨大企業 |
|---|---|---|---|---|---|---|
| 企業の状況 | ■自転車操業<br>■一人の役割大 | ■事業立ち上がり | ■成長と停滞の分かれ目<br>■地元の有力企業 | ■面白い・伸び盛りの会社が多い<br>■成長が停滞している企業も存在 | ■無理・背伸びする企業は滅びる<br>■直な業績悪化も<br>■隠れた優良企業も存在 | ■会社は絶対つぶれない<br>■知名度が非常に高い<br>■No1戦略 |
| 組織 | ■人に依存<br>■組織化開始 | ■組織化され、職務権限が明確化 | ■力づく経営（数名の有力者） | ■組織間の抜漏れ<br>■大企業病開始 | ■大企業病 | ■官僚的<br>■政治的 |
| 課題 | ■事業不安定<br>■経営リソースの綱渡り（人材・資金の不足） | ■ビジネスモデルの甘さ | ■社長の右腕<br>■人材の薄さ<br>■事業モデルの拡げ方 | ■概ね回っているが、事業面、経営面ともにまだ改善の余地あり | ■創業・企業精神が薄れてくる | ■グローバル競争<br>■標準への対応<br>■為替など金融対応<br>■異質人材の管理<br>■社会的使命 |
| 経営者像 | ■オーナー経営者 | ■オーナー経営者 | ■オーナー経営者<br>■オーナー一族 | ■社内での実力者<br>■親会社からの出向者 | ■社内での実力者<br>■プロ経営者 | ■グローバル経験<br>■政治とのパイプ<br>■社内での人望<br>■深いリベラル力 |

はまだまだ〝単一事業を横展開・深堀することで成長する〟段階にあることが多い。固まりつつあるビジネスのブラッシュアップ・精緻化によって、大きな成長が見込める会社が多い。

最後に、「零細企業」のカテゴリーに属する上場企業数は83社、全体のわずか2・3％である。企業の経営者はいわゆる「オーナー経営者」である場合が圧倒的に多い。企業の従業員規模は数人～数十人、組織は特定の個人に依存しがちであり、組織化はいまだ道半ばな状態のため、従業員一人一人の役割が大きい。企業の中にはベンチャーとして立ち上がり、このカテゴリーを急速に駆け抜けようとしている企業もある一方、上場はしたものの、組織は旧態依然としており上場による成長機会を捉えられずにいる企業や、ベンチャーとして立ち上げて売上数億円の段階まで成長させたものの、さらなる成長戦略・成長モデルを構築できない企業などがみられる。売上を上げるための仕組みではなく、人海戦術の営業活動になっていたり、資金繰りなどに追われていたり、後手の自転車操業の状況になっている企業もある。このような会社は手元にある経営資源を直視し、自社がやれること、やれそうなことを精査して、突破力をもって事業拡大することが肝要である。また、計画・実行、ＰＤＣＡのやり方を経営に埋め込んでいくことが大事になる。

## 2　アメリカ企業の事業成長事例

次に、アメリカで持続的に成長している企業の例を見ることにする。巨大企業の例として、清涼飲料メーカーの（1）ザ・コカ・コーラカンパニー（The Coca-Cola Company）、小売業の（2）ウォルマート（Walmart Inc.）、ディズニーランドで有名な（3）ザ・ウォルト・ディズニー・カンパニー（The Walt Disney Company）の3社を取り上げる。そして、日本ではあまり知られていないものの中堅企業で売上高営業利益率が20％以上の高成長企業の中から、バックオフィスアウトソーシングの（4）ペイチェックス（Paychex, Inc.）、医療機関支援サービスの（5）プレミア（Premier, Inc.）の2社を例として取り上げ、成長戦略を概説する。

**（1）ザ・コカ・コーラカンパニー**

ザ・コカ・コーラカンパニー（以下、「コカ・コーラ」）は、世界各国でコカ・コーラなどの炭酸系飲料や清涼飲料水などを販売する総合飲料事業会社である。２０１７年の売上高は３５４億ドル（1ドル＝１１０円換算で約３・９兆円）、同営業利益は75億ドル（同約８３００億円）であり、売上高営業利益率は約21％と高い収益性を維持している。

コカ・コーラが成長した要因は、１８９９年から展開されているいわゆるコカ・コーラシステムと呼ばれるコカ・コーラとボトラーで構築される事業モデルにある。同社はコカ・コーラの原液の製造および供給、製品の企画・開発、広告宣伝などのマーケティング事業を手掛ける。そして、コカ・コーラとフランチャイズ契約を締結したボトラーが、決められた地域における製造および販売に関する独占的なライセンスを供与され、コカ・コーラから原液を供給され充填と販売を進める。

このボトラーを活用する仕組みによって、地域に密着した販売ネットワークを構築することが可能となり、コカ・コーラ本体は製造・物流・流通に関するコストやリスクを負担することなく、きめ細かな販売を展開することが可能となる。

世界中で、ボトラーとなる企業は、もともとは地場を代表する企業や上場している大企業である場合が多かったが、コカ・コーラは、１９９９年以降、ボトラーのより広域化を目指した、コカ・コーラ本社も出資を行うアンカーボトラーと呼ばれる仕組みに移行した。アンカーボトラーとは、「コカ・コーラと資本関係を持ち、ともに成長し、目標を共有する広域ボトラーを指し、コカ・コーラの戦略的パートナーとして位置づけられるボトラーである」とした。ヨーロッパでは、２０１５年に地域ボトラー3社が合併することでアンカーボトラーとしてコカ・コーラも18％出資する「コカ・コーラ・ヨーロピアン・パートナーズ」が設立された。このアンカーボトラー制度の広がりもあり、現在のボトラー数は集約され、全世界で約２５０社程度となっている。

日本国内では最大17社のボトラーが存在していたが、地方にあったボトラーが統合され、２０１7年、コカ・コーラボトラーズジャパンホールディングスが成立した。２０１8年4月現在ではコカ・コーラボトラーズジャパン以外に、北海道、みちのく、北陸、沖縄の計5社となっている。

コカ・コーラの成長要因の2つ目として商品開発の点が挙げられる。コカ・コーラはコーラのレシピを独自で開発した事実上の「コーラ市場」創設者であるが、１９６０年代に入り、コカ・コーラ以外の商品ラインの拡充が同社の成長を支えた。コーラ以外の飲料ブランド（Sprite、Ｔａｂ、

Fresca）の立ち上げやMinutes Made、Duncan Foodsなどの買収も、商品ラインの拡充に貢献した。

さらに、1980年代に入りロベルト・ゴイズエタ（Roberto Goizueta）氏がCEOに就任すると、商品そのものを戦略変数として、成長のための多くの施策を実行した。例えば、コーラの原料となる砂糖を果糖シロップに切り替え、コストカットに成功するとともに、カフェインフリーやチェリーコークなど、新しく11商品を発売。また、低カロリーのコカコーラ・ゼロやダイエット・コークなども市場に投入し、新規商品の開発・上市を次々と進めた。1985年には99年間続けていた従来のコークの味を変更し「New Coke」を投入するが、消費者の不評を買い、3か月で元の味に戻した「Classic」に変更するなどの失敗もあるものの、ゴイズエタ氏は、消費者が「健康」や「カロリー」などの嗜好に合わせてコークを選べるように商品開発を行い、成長を遂げた。これらの商品ラインの拡充により、ゴイズエタ氏のCEO就任期間である1980年から1997年までにコカ・コーラの株価は0・7ドルから31ドルと44倍以上に上昇し、CEO就任前、ペプシによる攻勢を受けて苦戦をしいられていたコカ・コーラの立て直しに成功した。

また、1990年代に入ると消費者の健康志向の広がりを背景に、炭酸飲料依存型の事業戦略から転換し、フルーツジュースやスポーツドリンクなど、炭酸飲料以外の商品開発を展開し、市場に投入するようになった。グローバルで見ると、ブランド数は約500にのぼり、うち20ブランドは小売価格ベースで10億ドル以上の売上を誇る。また、日本のコカ・コーラは現在、ブランド数で50、製品数では800の清涼飲料水を手掛けている。数多くの商品開発・投入を進め現在の市場で

## コカ・コーラ　業績の推移

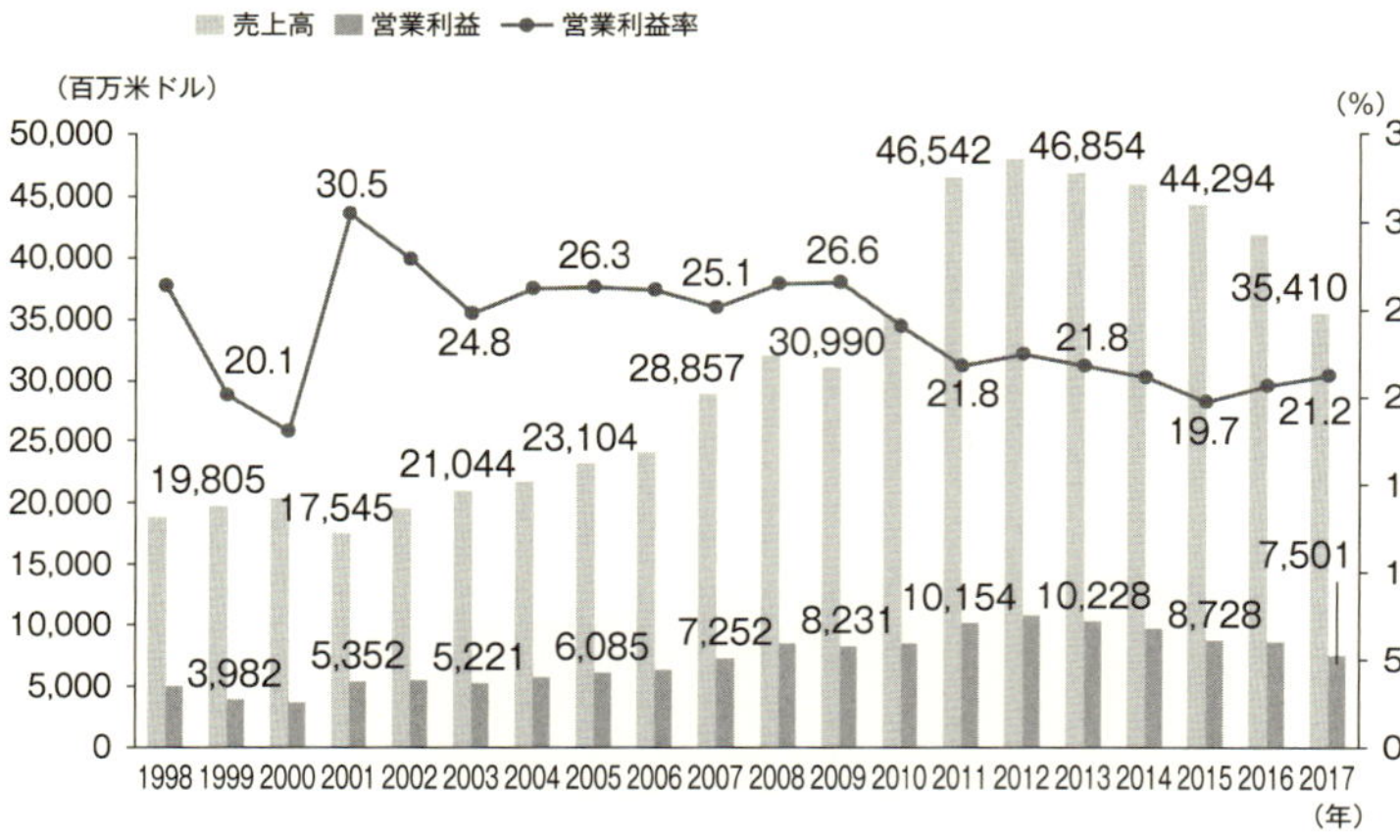


出所：Coca Cola Annual Report

の地位を確立した。

第3の成長要因は、効果的な宣伝広告による圧倒的な知名度構築である。例えば、多くの人の記憶にとどまる、赤地の丸の真ん中に白色でコカ・コーラのロゴが配置されただけの丸型看板は1947年に初めて使われた。コカ・コーラの販売店は店名を記した看板とともに、このコカ・コーラの丸型看板を掲げており、屋外広告の定番として広く認知されることになる。「Yes Coke Yes」や「Coke is it!」「I feel Coke」など短いキャッチフレーズを用い、雑誌広告、屋外広告、ノベルティ広告、スポーツイベントでのキャンペーンなどを展開した。

販促の一環としては、1930年代の古くより、コークを美味しく飲むための方法として店頭でボトルを冷やすクーラーの開発を

## コカ・コーラ　成長の沿革

| | | |
|---|---|---|
| 初期 | ■1886年 | アトランタの薬剤師により調合されたのがCoca-Colaの始まり |
| | ■1891年 | Asa Candlerにより買収され、Coca-Colaとして宣伝・販売開始 |
| | ■1899年 | 初のボトリングチェーン展開を開始 |
| 創業 | ■1919年 | CandlerがCoca-Colaを売却し、同年に上場 |
| | ■1920年代 | 冷却器や自動で飲料を注ぐ機械を開発し、自動販売機導入の先駆者となる |
| | ■1942年 | 戦時中、アメリカ兵の駐在地にコーラのボトリング工場を建設し、国外に64の工場を設立 |
| 成長 | ■1950年代 | Pepsiとの競争の始まり |
| | ■1960年代 | 新しい飲料ブランド（Sprite、Tab、Fresca）の立ち上げやMinutes Made、Duncan Foodsなどの買収 |
| | ■1980年 | ロベルト・ゴイズエタ氏がCEOに就任 |
| | ■1981～84年 | 従来の2倍の広告費投入によるマーケティング強化<br>ボトラーの整理 |
| | ■1982年 | Diet Coke導入 |
| | ■1985年 | 99年間続いたコーラの味を変更し、“New Coke”として販売<br>3か月後、元の味を“classic”として販売 |
| | ■1986年 | 子会社としてボトリングの企業「Coca-Cola Enterprise」を設立 |
| | ■1990年～ | 健康志向の消費者増加を背景に、炭酸飲料依存型戦略からの方向転換を計画 |
| | ■2004年～ | 世界市場への進出を強化 |

出所：HARVARD BUSINESS SCHOOL, “Cola Wars Continue: Coke and Pepsi in 2006”
(Rev：Apr 16, 2009).

行った。これはのちにクーラーの付いた自動販売機の導入につながり、町でどこでもコカ・コーラのロゴが目に飛び込むことになる。

このように、差別化されたボトラーシステムという独自の販売システム、ビジネスシステムを構築し、磨き上げ、時代に適合するものにしてきた。そのモデルの上に清涼飲料水のカテゴリーでリードする商品を次々に商品化し、多様な商品ポートフォリオとし、消費者の耳目を引く広告で認知を広げていったことが、同社の成長を支えてきた。

## (2) ウォルマート

ウォルマートは、1962年にサム・ウォルトン(Sam Walton)氏によって設立されたアメリカにある世界最大のスーパーマーケットチェーンである。2018年1月期において、その売上高は5003億ドル(1ドル=110円換算で約55兆円)、営業利益204億ドル(同約2・2兆円)である。2000年の売上高1668億ドルに比較すると、約3倍の伸びを示している。日本の小売りチェーン2強と言われるイオン及びセブン&アイ・ホールディングスの売上高がそれぞれ約8・4兆円、6兆円(2018年2月期)であり、両社を足し合わせてさらに4倍した規模がウォルマート社であることを考えると、同社がいかに巨大な企業であるかがわかる。

ウォルマートが成長した要因は、EDLP(エブリデイ・ロープライス)という独自の事業モデルとそれを実現するための仕組みを構築した点と、従業員モチベーションを高めた点に尽きる。まず、低価格販売を実現できた要因としては、大きく5つの点があげられる。それは、「徹底的なコスト管理」「効率的な物流戦略」「独自の宣伝広告スタイル」「時代を先取りしたＩＴ投資」「出店エリア戦略」である。これらの5つの施策が絡み合い、1つの差別化されたユニークなビジネスシステムになっていることが特徴的である。

本社から遠く離れた店舗を適切に管理するためには常に店舗の状況を把握するための情報システムが必要である。また、店舗がバラバラに商品を発注していると商品調達における規模の経済が働かず、コストアップ要因になる。そのためウォルマートは〝ハブアンドスポーク〟の形態を採用した。物流センターがカバーできる範囲に店舗を出店することで、商品の入出庫や各店舗への配送の効率性を高め、徹底的なコスト管理の追求をしている。このような情報システムや物流拠点への投資は今でこそ小売業では当然の施策ではあるが、1970年代から積極的に展開するのは時代的にかなり早かった。また、ウォルマートは広告宣伝費の徹底的な削減を行い、対売上高マーケティング費率は0・2％と、競合企業の2％前後と比べ大幅に低くした。テレビ・ラジオＣＭは、地元のケーブルテレビやラジオに出稿し、商品の告知は実施せず経営理念を告知した。また、チラシ広告の多くは店頭での手配りか月1回の新聞折込みに限定するという戦略を取った。本社ビルも質素であることにこだわった。

このような投資やコスト削減の策が奏功し、1983年時点での販売商品1ドルに対する流通コストを比較すると、当時のウォルマートの最大の競争相手であるＫマートが5セントであるのに対して、ウォルマートは2セント以下であったとの指摘もある。現在でも、対売上高物流コスト比率を見ると、競合企業が4～5％であるのに対してウォルマートは2～3％に抑えられている。これは、配送センターを中心として150マイル（約240キロメートル）圏内に150店舗程度を配置し、発注された商品を配送センターで仕分けし、48時間以内に店舗に届く仕組みを整えたことによる。また、ITシステムを駆使し、RFID（Radio Frequency Identification）タグを製造段階で商品に添付することで配送の省力化を実現し、サプライヤー、本社、各店舗、物流センター間での情報共有を効率化し、在庫過多や不足がないように供給できるEDI（Electric Data Interchange）というシステムを導入した。在庫は「地域」ではなく「店舗」ごとに管理することで品切れを防ぎ、独自のシステムにより顧客の性質・過去の販売履歴・店舗の性質に基づいた分析を行うことで、翌月やそのシーズンにおける最適な発注と販売を可能にした。

ウォルマートの出店戦略も特徴的である。同社は田舎の小さい町に出店し、売場面積が10平方フィート（約9千平方メートル）の大型店舗を中心としている。いずれも500～1000台規模の駐車場を隣接させ、人口5000人から数万人の町や都市の郊外に立地した。ドミナント経営できる、小さな町で、ビジネスを独占的に確保できることを出店戦略の柱としてきた。

働く人のモチベーションの観点から見てもウォルマートはユニークである。ウォルマートは自社で働く者を、「従業員（Employee）」ではなく「仲間（Associates、アソシエート）」と呼び、情報の共有や意思決定権を付与することで当事者意識を醸成している。ウォルトン氏は「経営側の従業員

## ウォルマート　業績の推移

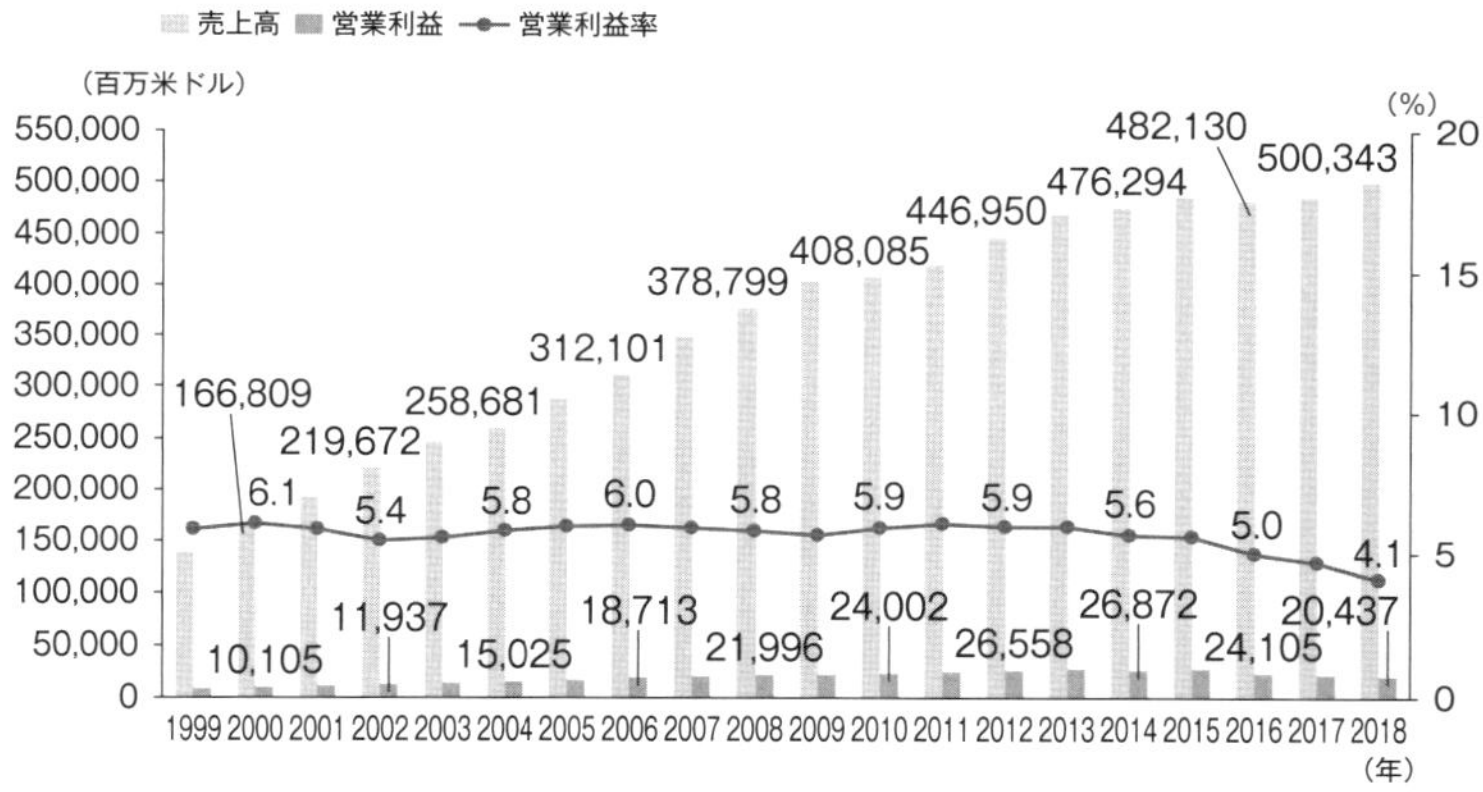


出所：WalMart Annual Report

への対応がそのまま彼らの顧客への対応となって表れるので、経営側が顧客に気持ちのよい買い物をしてもらうためには、すべてのアソシエートの満足に気を配らないといけない」と考えていた。従業員に働く意欲を持ち続けてもらうために、利益分配やストックオプションを付与するなど、企業の成長につながる報酬体系となっている。もちろん、ウォルマートはパートタイマーも含め従業員数が230万人の会社であり、すべての社員に価値観を浸透させ、サービスの質を高め続けることは至難の業ではあるが、お客様第一の思想を持った従業員を育成し、顧客のイメージ向上に取り組み続けている。

　ＥＤＬＰのモデルを確立したウォルマートはアメリカに限らず、メキシコ、プエルトリコ、カナダ、ブラジル、アルゼンチン、中国、ドイ

## ウォルマート　成長の沿革

|  |  |  |
|---|---|---|
| 初期 | ■1945年 | Wal-martの先駆けとなる店舗が開店<br>Sam Walton氏がBen Franklin Chainのフランチャイズ店として小規模な雑貨店を開店 |
| | ■1960年前半 | Walton氏の手掛けた15のFC店舗がBen Franklinの店舗としては最大に成長 |
| 創業 | ■1962年 | Wal-mart Discount City Storeの初店舗が営業開始 |
| | ■1970年 | Wal-mart上場、店舗数は18店舗に増加 |
| | ■1983年 | SAM' s Clubの営業開始 |
| 成長 | ■1988年 | David Glass氏がCEOに就任<br>「Supercenter」の営業開始 |
| | ■70～90年 | IT化を導入・開発し、小売業におけるIT化の先駆者となる |
| | ■2000年 | Walmart.comをリリースし、オンラインショッピングサイトの営業開始 |
| 完熟 | ■2003年 | 世界最大の売上をあげる企業（2,450億米ドル）とされ、世界最多の従業員（140万人）が所属した<br>Fortune誌により「アメリカにおける最も評価の高い企業」とされた |
| | ■2007年 | Walmart.comがSite to Storeサービスを開始<br>顧客がオンラインで購入し、店頭で商品を手に入れることができるようになる |

出所：HARVARD BUSINESS SCHOOL,"Wal-mart Stores in 2003"(Rev Oct 30,2009)

ツ、韓国、イギリスなど世界15か国で事業を展開している。２００２年には西友を買収することによって日本にも進出している。店内オペレーション、情報システム、商品調達／物流、ＰＢ商品率の向上などウォルマート独自のＥＤＬＰを海外にも展開している。ただし、同社の海外市場での成否は国ごとに状況がかなり分かれているのが現状である。またアマゾンのようなネット専業業者の存在も脅威になりつつある。

### （３）ザ・ウォルト・ディズニー・カンパニー

ザ・ウォルト・ディズニー・カ

ンパニー（以下、「ウォルト・ディズニー」）は、キャラクターを中心に据えて、地上波ネットワークの運営などを手掛けるメディア・ネットワーク事業、テーマパークやホテルリゾートなどを展開するパーク・リゾート事業、映画の企画制作を主に行うスタジオ・エンターテイメント事業、キャラクターなどの知的財産のライセンシングやゲーム事業などを行うコンシューマープロダクツ・インタラクティブメディア事業の大きく4事業を展開している。１９９８年から２０１７年にかけて、売上高は平均して毎年４・７％ずつ成長し続けており、近年の売上高営業利益率も20％以上という高い水準を維持し続けている。２０１７年の売上は５５１億ドル（1ドル＝１１０円換算で約６・１兆円）、営業利益は１３８億ドル（同約１・５兆円）、売上高営業利益率は25％を超える高収益企業である。

日本においては、売上高6兆円規模のウォルト・ディズニーと類似した事業を展開している企業は見当たらない。ちなみに、２０１７年度にウォルト・ディズニーと同規模売上高であるセブン＆アイ・ホールディングス社は、２００６年2月期（＝同社成立の会計年度）から２０１８年2月期までの売上高年平均成長率は約３・７％である。ウォルト・ディズニーのように、当該規模で年率約５％の成長率を長期にわたって維持することは容易でない。

ウォルト・ディズニーの成長の要因は〝Disney Eco-System〟と呼ばれる事業モデルを構築したことにある。〝Disney Eco-System〟とは、自社の知的財産（Intellectual Properties, IP）だけでなく他社のＩＰも取り込み、メディア・ネットワーク事業、パーク・リゾート事業、スタジオ・エン

## ウォルト・ディズニー　業績の推移

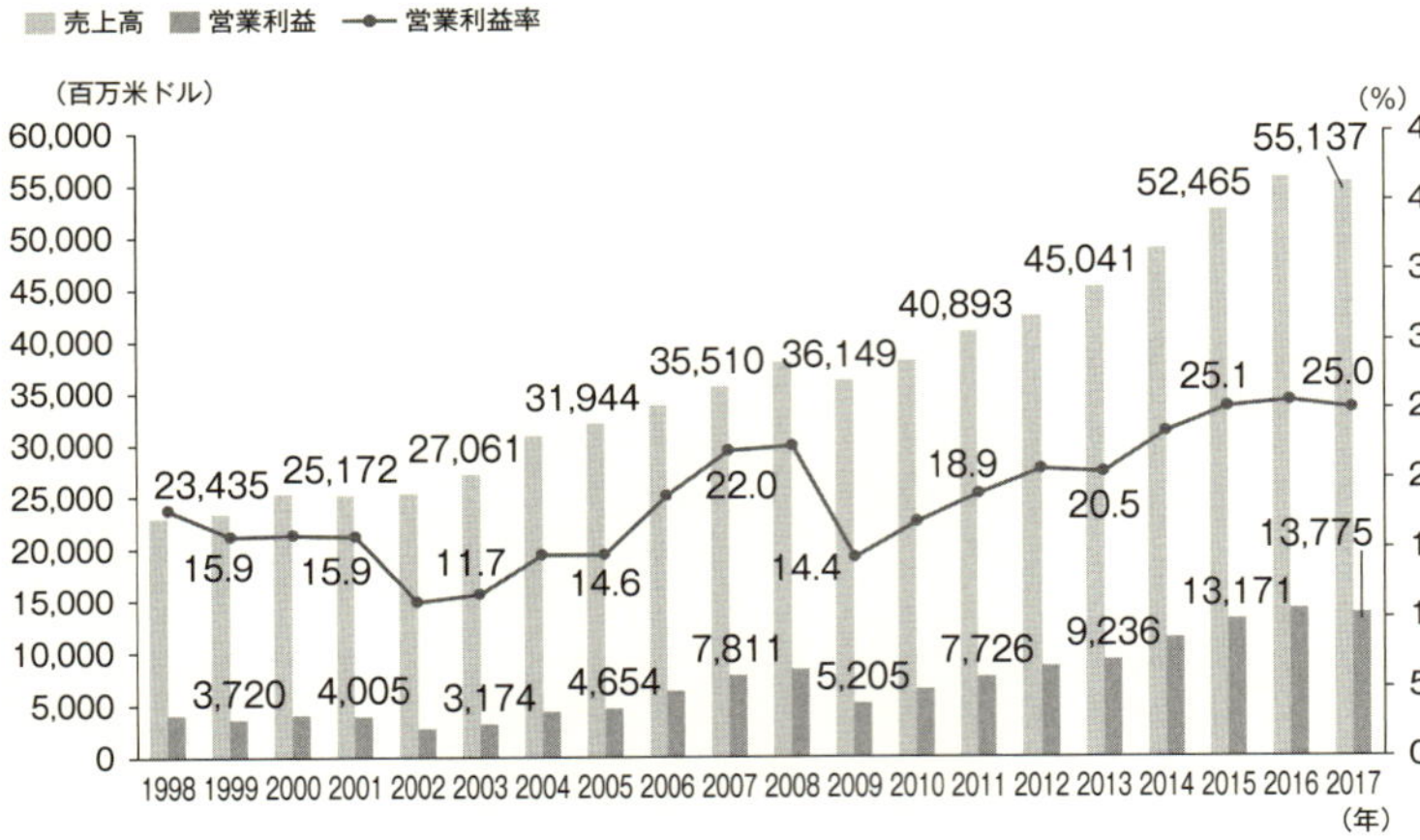


出所：Walt Disney Co Annual Report

ターテイメント事業、コンシューマープロダクツ・インタラクティブメディア事業で、多重活用するモデルである。具体的には、保有するＩＰを映画館やケーブルテレビなどで放映し、放映した番組コンテンツをホームビデオや出版物の形態にして市場にリリースし、これらの商品を自社のストア（ディズニーストア）などで販売する。さらにはコンテンツ・ブランド関連のゲームやＳＮＳでの浸透を図り、テーマパークリゾートに人を呼び込むことで保有するＩＰのブランド価値をさらに高め、ＩＰの出口をあらゆる方向に広げることによってターゲットを拡大していくのである。

このDisney Eco-Systemの展開による成長戦略は自前の展開だけでなく、さまざまな企業の買収によって進められている。映

ウォルトディズニーのIP展開　“Disney Eco-System”

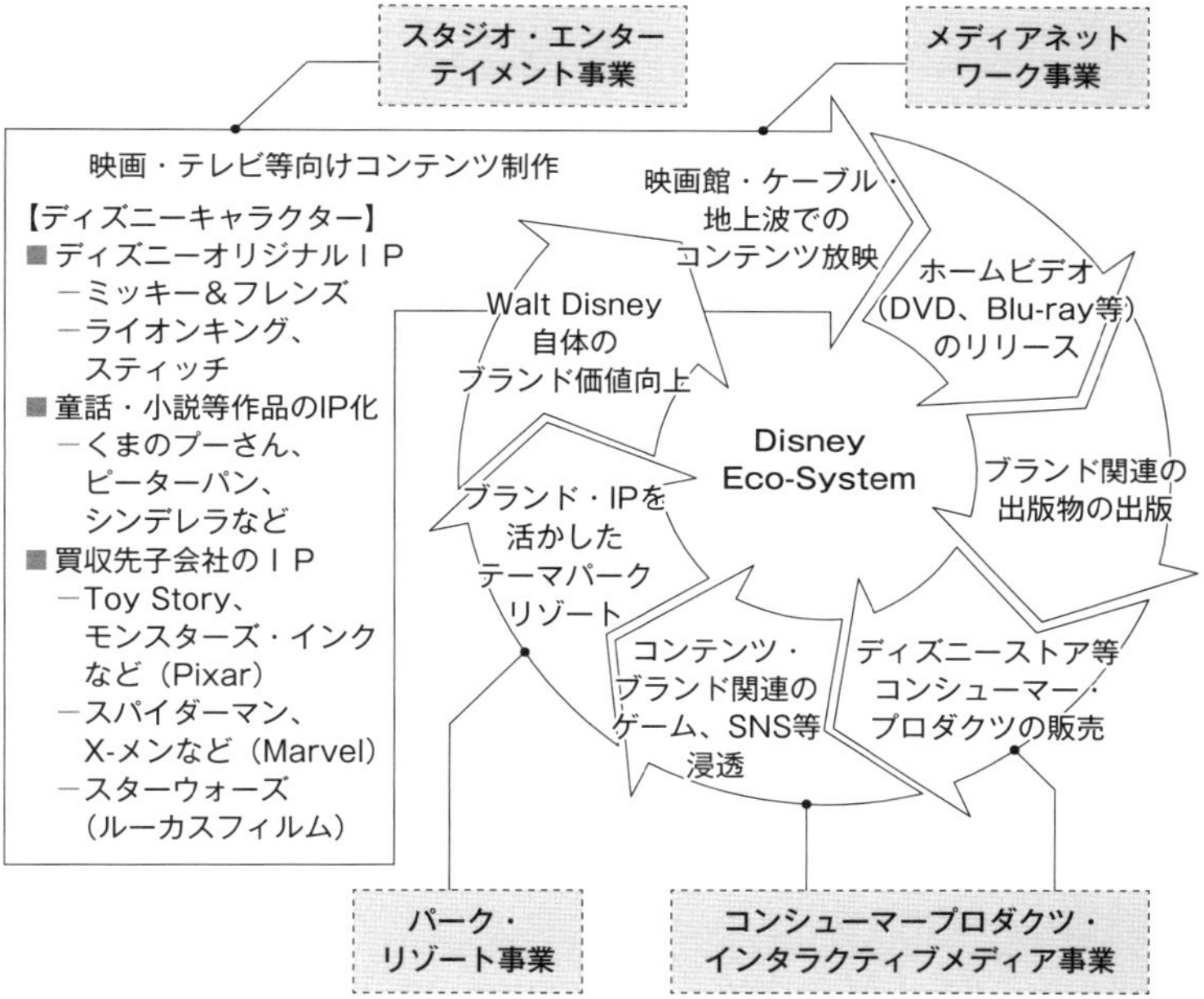

像制作分野ではピクサー、マーベル、ルーカスフィルムの買収、小売り分野ではディズニーストアの事業を一時的に売却するものの再度買収することで内部に取り込み、ＡＢＣの買収などによる放送ネットワーク事業への展開、タピュラスなどのゲーム開発業者の買収を行っている。このように、元々の映画事業だけではなくホームビデオ、商品・ゲーム、リアル店舗でのコンテンツ販売など保有コンテンツから最大限儲けることができる事業体制を構築するモデルを買収を通じて戦略的に構築している。

上記のようなプラットフォーム機能の構築に必要な要素を買収するだけでなく、２０１７年12月には競合企業の21世紀フォックスが手掛ける映画製作事業、テレビ製作事業、ケーブルテレビ事業なども買収した。この買収対象事業は、例えばマーベル・コミックのＸ－ＭＥＮシリーズの映画化権や『Empire成功の代償』などのヒットドラマなど多岐にわたり、結果として豊富なライブラリーを保有するに至った。こうして、同社独自のエコシステムのモデルを進化させ続けている。

## （4）ペイチェックス

ニューヨーク州に本社を置くペイチェックスは、中小規模企業向けの給与計算や人事、退職制度、保険、福利厚生等におけるアウトソースサービスとして、多様なツール・サービスを提供しており、１００以上のオフィスを持つ。「給与計算」「人事サービス」における米国でのシェアは第2位、４０１Ｋ（退職金）の記録システムとしては米国でトップシェアを誇る企業である。２０１７

## ペイチェックス　業績の推移

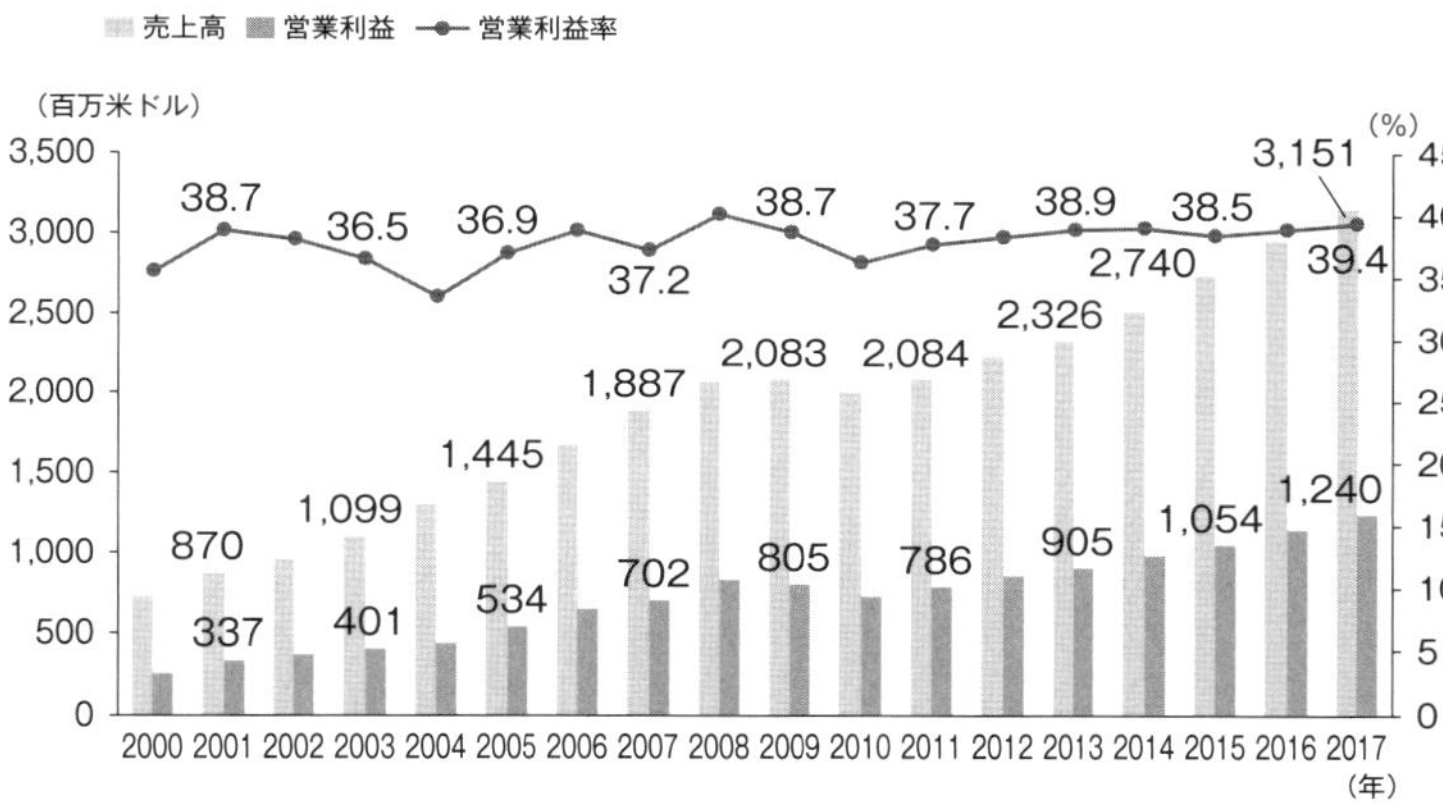


出所：Paychex Annual Report

年は売上高31・5億ドル（1ドル＝110円換算で約3500億円）、営業利益12・4億ドル（同1400億ドル）、売上高営業利益率は39・4％に上る。

同社の成長フェーズは、自力（オーガニック）成長段階とM&A（レバレッジ）成長段階の大きく2段階に分けられる。まず、オーガニック成長段階においては、新商品や新サービスの立ち上げによって、1971年設立当時には40社であった顧客の数を20年後には約10万社にまで増やした。続くレバレッジ成長段階では、NASDAQに上場した翌年の1995年に、ペイフォン（Pay-Fone）とペイデイ（Payday）を買収した。それにより顧客数を約21万社と増やした。この2社を買収したことを皮切りにさらに成長を加速させていく。顧客を保有する会社を買収したり、自社が保有しないサービスを展

## ペイチェックス 成長の沿革

| | | 顧客数 |
|---|---|---|
| 創業期 | ■1971年 B.Thomas Golisano氏がPaymaster を設立 | 40社 |
| | ■1979年 18の支店・提携企業を束ねる統括会社を設立 | |
| | ■1983年 本社をニューヨーク ロチェスターに移転 | |
| 自力成長 | ■1988年 「人事サービス」の担当部署を新規立ち上げ | |
| | ■1989年 新商品Taxpay®の立ち上げ（1年後にユーザー数7,000社達成） | 100,000社 |
| | ■1991年 「人事サービス」の提供開始 | |
| | ■1992年 新サービス「Direct Deposit」の提供開始 | |
| | ■1993年 新商品Paylink®の提供開始 | |
| | ■1994年 NASDAQに上場（NASDAQ-100 Index®への登録） | |
| M&A等による成長の加速 | ■1995年 Pay-Fone、Paydayの買収 | 210,000社 |
| | ■2002年～2016年 —Advantage Payroll Services, Hawthorne Benefit Technologies, SurePayroll, myStaffingPro, nettime, Advance Partnersの買収 | 605,000社 |

出所：Paychex:ウェブサイト

開する会社を買収することによって、顧客基盤・サービスラインの拡大に成功し、2002年には顧客数は約39万社、2003年には約49万社と爆発的にシェアを拡大し、2017年には約60万5千社を顧客とするまでに至った。

ある一定の規模まではオーガニック成長を追求し、その後レバレッジ成長を取り込んでいるが、高い利益率を維持しながらのM&A戦略の実行、PMIの遂行能力は高いものがある。また、中小企業という裾野が広い領域をターゲットにし、標準化されたサービスを展開しているのも同社の成長の特徴と言える。

### (5) プレミア

プレミアは2013年に法人化された

## プレミア 業績の推移

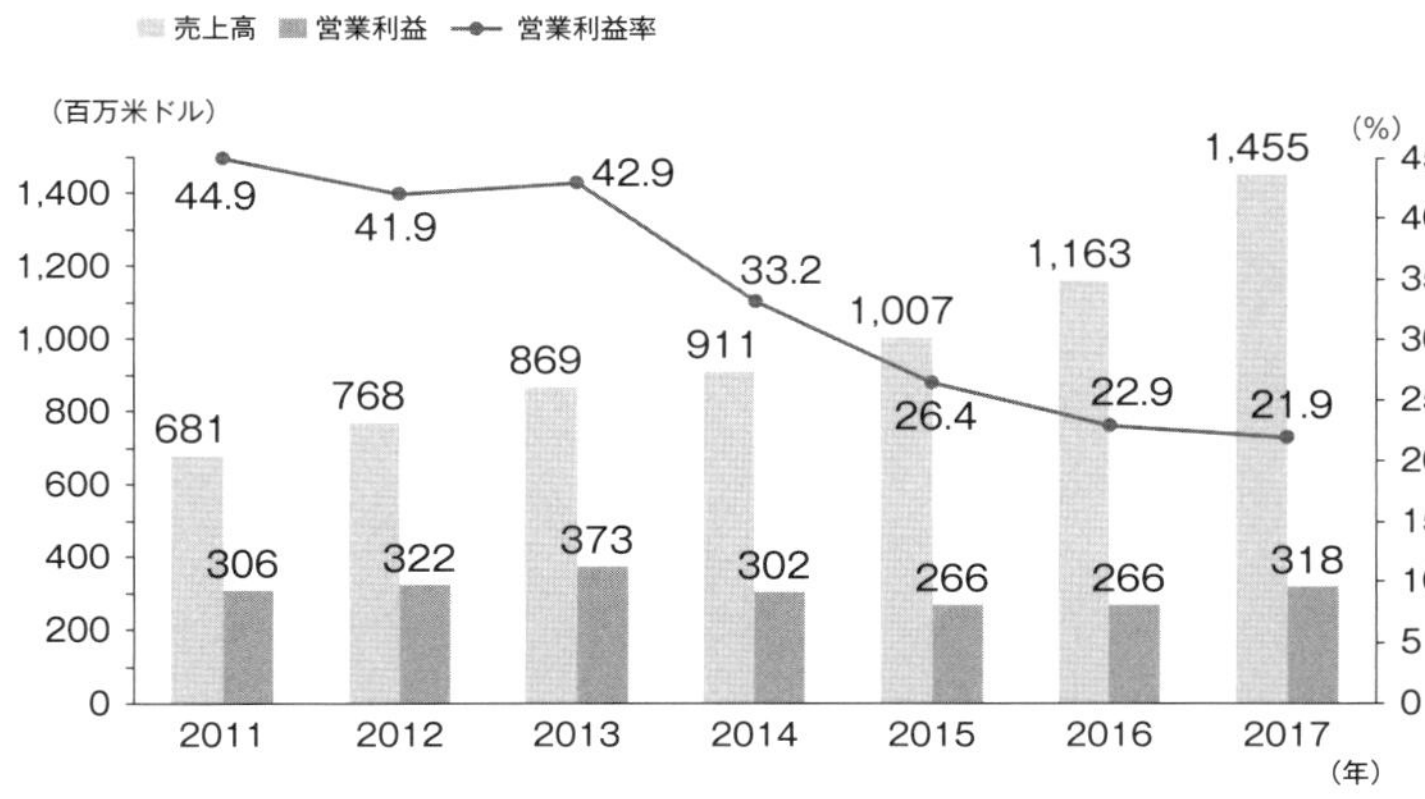


出所：Premier, Inc. Annual Report

企業であり、米国の約3600の医療機関と15万社の医療関連サービス企業（プロバイダー）、40万人以上の医師を結ぶ〝アライアンス〟を運営する。2017年の売上高は14・5億ドル（1ドル＝110円換算で1600億円）、営業利益3・2億ドル（同約350億円）、売上高営業利益率は約22％である。

この会社の特徴は、事業そのものがCSV（Creating Shared Value）の実践である点だ。CSVとは、企業が社会的課題の解決に取り組み、社会に対して価値を創造することで経済的な利得を実現することである。プレミアは地域社会の健康を向上させることをミッションとし、連携企業同士の協力によって、高品質で経済的なヘルスケアサービスへと変革していくことをビジョンとして掲げている。

そうしたミッション、ビジョンのもと、同社

## プレミア　主な買収企業

| 買収年月 | 企業名 | 買収額<br>(単位：百万米ドル) | 企業概要 |
|---|---|---|---|
| 2013年10月 | Meddius | 8 | データ取得・統合のための<br>ソフトウェアサービス. |
| 2014年4月 | MEMdata | - | 設備投資計画、調達、分析の為の<br>サプライチェーンソリューション |
| 2014年8月 | TheraDoc | 117 | リアルタイムな臨床現場監視の為の<br>ソフトウェア |
| 2014年8月 | Aperek | 49 | ワークフローと分析に特化した<br>ソフトウェア |
| 2015年8月 | CECITY | 400 | クラウドベースの品質レポート、<br>業務改善、ラーニングプラット<br>フォームなどの提供 |
| 2015年8月 | Healthcare<br>Insights LLC | 65 | 統合的な財務管理、コストの分析<br>サービス |
| 2015年10月 | InflowHealth LLC | 6 | 開業医の操業・業績改善の為の<br>ソフトウェア |
| 2016年6月 | Acro Pharmaceutical<br>Services | 75 | 薬の宅配、個人に特化した治療<br>サポートの提供 |
| 2016年11月 | Innovatix<br>Essensa Ventures | 325 | シニアライフ用設備などのサプライ<br>チェーンソリューションの提供 |

は大別して2つの事業を営んでいる。1つは、会員に向けて商品とサービスを提供するもので、具体的には、共同購買やサプライヤーからの直接の仕入れ、特殊医薬品の取り扱い等である。もう1つは、統合されたデータの格納先兼サービスプラットフォームでもある「Premier Connect」により、IT分析、ワークフローの自動化、ソフトウェア経由でのコンサルティング・アドバイザリーサービスを提供するものである。

同社は、これらの2つの事業を展開するにあたって、企業買収を行うことで成長を積み重ねてきた。特に、医療・ヘルスケア関連、およびプラットフォームを強化するための企業を買収し提供サービスを深化させている。買収の際には、同社が長年付き合ってきた既存パートナーとうまく適合・調整できることを重視し、中小規模の企業をターゲットとしている。一方で、新規顧客獲得の機会を得るために、同社よりも規模が大きく、市場での地位を確立している企業をターゲットとすることも戦略としている。法人化以前の2010年から既に10社以上を買収し、自社の規模を拡大している。

ここでとりあげたアメリカ中堅規模の優良企業2社に共通して言えることは、〝①分野にフォーカスした事業〟、〝②フォーカスした事業領域の成長を支える仕組みづくり・勝ちパターン〟、〝③戦略的なM&Aなど仕組みに基づいて成長を加速させる装置の活用〟の3点である。

経営資源が限られている中、事業領域がさまざまな分野にまたがっていると競争優位の土台になる仕組みや勝ちパターンを見出すことは難しいだろう。分野をフォーカスするからこそ仕組みもつくりやすくなる。特に取り上げた2社は中小企業や個人を対象にしたビジネスをしており、顧客の裾野が広い。1つずつの案件額は小さいが、その中の利益率が高まる仕組みを有し、その仕組みをテコとして事業を成長させている。さらに、M&Aなどの成長の加速装置を用いることによって、その仕組みが平屋のままに留まらず「2階建て、3階建て」になるよう展開している。もちろん、すべてのアメリカ企業が上記の成長戦略をとっているわけではない。また、例えば分野をフォーカスするだけという1つの要素だけを取り上げて成長戦略として実行しても、そこから得られる効果を最大化することは難しい。3つの要素を相互に連関させている一貫した戦略システムとして機能させることが重要であることをアメリカ企業の事例は示していると言えるだろう。

アメリカ市場には日本企業の参考になる事例が少なくない。市場の違いはあるものの事業の仕組み、展開の仕方などでは学びになることは多い。アンテナを張り、参考になることを学びに変えていくことを日本の企業、特に大中企業・中堅企業は取り組むべきである。

# 3　成長戦略の本質

## （1）「事業育成」において陥る問題

新規事業を育成させる過程においてはさまざまな障害、ハードルに遭遇する。

①事業戦略
②組織
③意識
④知識

この4つの面から新規事業の育成において、直面する問題を整理してみたい。

### ①「事業戦略」面の問題

事業戦略面の課題として、「新規事業よりも既存事業が優先される」、「事業戦略に長期的視点が欠如している」という2つの大きな問題が存在している。既存事業が好調に推移している間に次の柱を打ち立てていこう、という想いで新規事業の検討が始まる場合も多い。しかし、実際にはその想いが必ずしも長く続かず、既存事業が好調であればあるほど、経営資源、特に優秀な人材は既存事業に投入され続ける傾向がある。日本国内の内需は伸びないから海外進出を、という掛け声とともに検討は始まるが、いざ蓋を開けてみると、どうなるかわからない海外事業に人は回せない、というジレンマが起きる。さらに、新規事業がある一定の期間立ち上がらないと「撤退か継続か、そろそろはっきりさせてほしい」という議論が始まる。新規事業は一般的に、立ち上げ当初から売上や利益を生むわけではない。また、短期的に売上や利益が出るのであれば、それは本業でカバーできてしまうくらいの隣接分野であると言える。社内ベンチャー制度で2、3年以内に結果が出ないと、その事業案は追加で資金が得られないということがあるのはまだよい。それはまだ本格的な投資ではなく、検証段階の費用であるからである。しかし、東レの炭素繊維やホンダのビジネスジェット事業のように立ち上げから数十年の時間をかけて育成されて事業になることも少なくない。ビッグ・ビジネスとはえてしてそのようなものである。IBMも人工知能Watsonに着手し出したのは、1990年代である。成功例として挙げた事業は紆余曲折があっても、結果的に社長が変わっても、継続して投資を受け続けて成功してきている。いみじくも、Watsonという名前は1

914年から1956年までIBMのトップとして同社を世界的大企業に育て上げ、実質上のIBMの創立者と言われるトーマス・ワトソンに由来している。ホンダのビジネスジェットも創業者の本田宗一郎の夢であった。創業者に紐づけるくらいの不退転・長期的な想いを持って新規事業には臨み、テコ入れし続けて、立ち上げていかなければならない。本来、事業化しようと会社としても投資を行った事業は中長期的な視点で育成をしなければならない。投資しっぱなし、お金と組織を作ったのであとは当事者で、というのは問題である。

それ以外にも事業戦略面の問題としては、「スピードが遅く世の中の変化についていけなくなった」、「長い間、辞めるか・強化するかの判断を付けていない」などの問題も存在している。この問題を自社だけで解決するのはなかなか難しい。勢いや感覚に頼った意思決定に陥ったり、間違った導火線を切って、会社の可能性を消してしまうこともある。わからない・不明である、というリスクを取ることに二の足を踏むことは理解できるが、社外取締役をはじめとする客観的な視点を持つ第三者を入れた多面的な検討が望まれる。

**②「組織」面の問題**

具体的には、他部門とのカニバリゼーション、社内競合・圧力、承認プロセスの煩雑さ、事業に対する理解不足などの問題が挙げられる。企業の永続的な成長のためには「自己革新」と「事業創造」が必要である。検討している新規事業が、既存事業からの自己革新としての動きと、事業創造としての動きがオーバーラップする領域になると、組織的な問題が起きる。それがカニバリゼーションの問題である。例えば、新たな商材を新たな販売チャネル網を構築して販売する新規事業を立ち上げた場合、事業の拡大の状況次第では社内の他部門の商品と競合する可能性も出てくるような事例である。〝領空侵犯〟的な活動だと認識し、自部門・自事業部の活動の延長上の事業だと主張する既存事業担当が出てくるのである。非常に大きな会社であれば、重なりを認識し、新規事業部、既存事業部の双方から検討させることもあるが、一般的にはどちらかが当該事業を引き受けるという行司の役割を経営サイドが担う必要がある。しっかり采配しないと、新規事業に経営資源の投入が十分に行われず、育成はままならないだろう。また、本当に必要な新規事業であれば、社長直属の組織にするなどの工夫も必要になる。大企業では、社長が数年サイクルで変わる。前任社長の肝いりで進められていた新規事業の業績が期待を超える水準ではない場合、新たに就任した社長が理解を示していれば継続されるだろうが、各ステークホルダーの利害関係を考慮して継続するのかどうか検証され、結果的には取りやめになることも十分にありえる。新規事業の立ち上げではこのような組織的な問題に直面することがしばしばある。

**③「意識」面の問題**

社内ベンチャー制度のように、自分がやりたいことがあり、手を挙げた人は後段の第10章で述べるように、狂ったくらいの〝信者〟あるいは〝オタク〟のように、折れない心で事業推進をしていく務めがある。他方、組織のローテーションとして、新規事業の担当になった人が、いかに、その事業を面白いものだと感じ、期待以上の役割を果たせるかは大きな挑戦である。本人の意識、そしてそれを推進させるマネジメントの意識にテコ入れが必要な場合がある。就職の際、新事業を立ち上げるためにその会社の門を叩く人は稀である。既に展開している事業に関心を持ち、その事業をやりたくて入っている社員を、新規事業立ち上げに向けた意識を持たせ、それを維持させ続けさせられるか、モチベーション・インセンティブの対応が必要とされる点である。ベンチャー企業を自分自身で立ち上げた場合、金銭的な富や名声、評価を得られるのであれば、意欲も高まるだろうが、苦労に相応するインセンティブが得られないためにモチベーションが高まらないなどの問題も現実的にはみられる。報酬制度の工夫が効果を発揮する場合もあるし、経営者が繰り返し事業の重要性を訴え、自分のマインドシェアが高いことも伝えていくことなどがメンバーのモチベーション維持・向上に寄与することもある。

実際、新規事業のメンバーに「失敗したくない」という意識が強くなると、他社の成功事例などを真似るようになり、斬新な事業展開が阻害され、結果的に大きな事業に育たないような状況が生まれかねない。

**④「知識」面の問題**

これまで本業が順調に成長しており、新規事業を立ち上げた経験がない企業において、急に何か新しい事業を行う方針が出されたとしても、担当者レベルでは、何をどのようにすればいいのか、どこから手を付ければいいのかがわからないこともある。新規事業立ち上げマニュアルなどがあっても役に立たないし、実際に持っているところもない。新規の事業立ち上げを担う人物の実務での知識不足、新規業界の知識不足などが原因で新規事業の育成が進まないケースは多い。我々に相談される新規事業立ち上げ支援でも「何から、どう始めていいかわからない」という相談が多い。社内調査に時間を使い、なかなか骨太な事業ネタにまで行きついていないケースも多い。

新規事業の立ち上げ方は千差万別である。新しい商品サービスを生み出すために、社内の研究所などにある技術をもとに事業を立ち上げる場合と、既存の事業モデルを、新しい売り方・儲け方を変えて現代版モデルに進化させる場合では必要となる知識は違う。新規事業立ち上げ・収益貢献に求められる時間軸によってもやることは異なる。社内にない知識はできるだけ早めに社外にそのリソースを求めたほうがよい。

### (2)「事業育成」の問題解決に向けた留意点

以上のような4つの側面からの問題に関し、留意しておきたい考えとしては以下の5つがある。

(1)成功する新規事業は自社の強みの上にしか成り立たない、(2)新規事業は会社にとって新しいことなので、外の力を積極的に活用するべき、(3)専業で、事業を邁進できる人がいないと立ち上がらない、(4)やるときは一気呵成に取り組まないと萎えるので背水の陣で臨む、(5)新規

### 「事業育成」において陥る問題と解決に向けた留意点

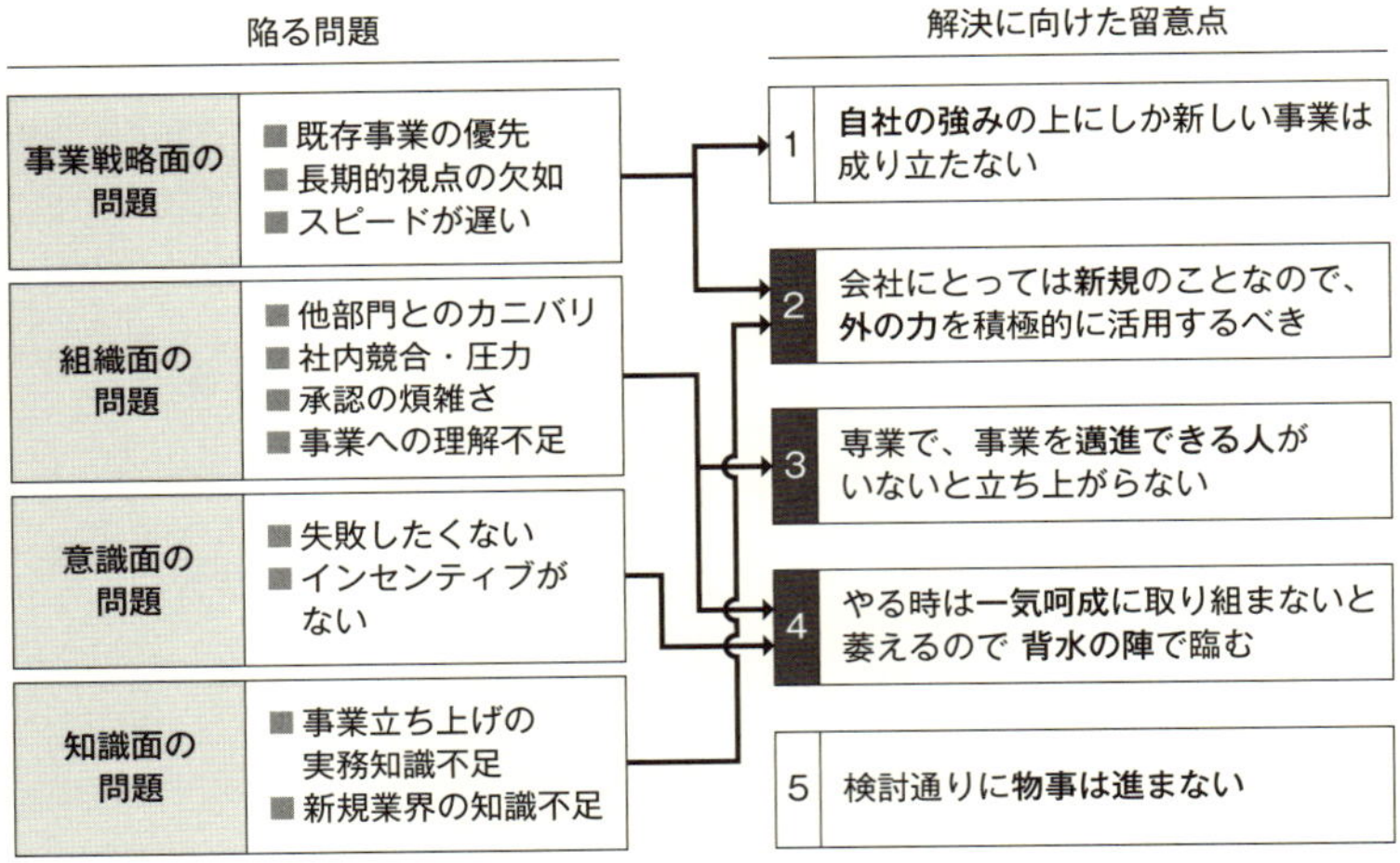


事業は検討通りには進まない、である。前項で見た4つの側面での問題と、（1）〜（5）の留意点の対応関係は上図の通りである。

外部を活用するには、その業界・分野で実績を積んで引退した人に顧問として来てもらい、知恵を借りる、アカデミックな観点から技術を評価してもらうために学者・研修者に依頼する、規制対応や特許などを検証したりするための行政・法律家を雇う、事業プロセスを構築する手伝いをしてもらうために経営コンサルタントを雇う、などの方法が具体的にはある。外部の力を使うのは、必ずしも人を使うだけはなく、M&Aすることによって知見と時間短縮を手に入れる、といった方法もある。

ある食品メーカーは、新規事業として食

品の調理器具を展開しようとした。その際、電気製品としてのさまざまな規制を満たさなければならないことや、食品とは異なる検査項目に対応する必要があったため、大手家電メーカーの退職者を顧問として招聘し、速やかな商品化および上市に役立てた。これは前者の例の1つである。中堅中小企業向けにM&A仲介サービスを展開する日本M&Aセンターがさまざまな業界の知見を得るために、矢野経済研究所に出資して知識と時間を買っているなどは後者の例である。

〝邁進できる人を担当につける〟例では、スピーディにアイデアを具現化したり、エース級の社員を送り込んだり、必要な資金をタイムリーに投入したりするために、新規事業を社長直属にする場合もある。社内フリーエージェント制度・社内公募制度のある会社では、同制度を活用することによって事業に邁進できる人を新規事業の推進役に据えることもある。特に新規事業の立ち上げに関しては、やる気は、事業推進力と正比例する。ソニーのように、高い人事評価を得ている人には自分で自分の人事異動権を付与する会社も存在する。

〝やるときには一気呵成に取り組まないと萎えるので、背水の陣で臨む〟という問題に対処するためには、例えば本体とのチャネルコンフリクトを避けるために、別会社化して新規事業立ち上げを行う、スピンアウトや合弁会社をつくるなど組織を分割し、遠慮や本体における聖域といったものをなくす方法が挙げられる。また、立ち上げまでの期限を一旦区切り、マイルストーンを示して、任せたまま放置した状態にならないようにする工夫も必要である。企業が新規事業の育成を進める際には、自社が保有する経営資源も最大限活用すべきである。企業で新規事業を育成する場

## リソースに関する新規事業と起業の違い

| | 新規事業 | 起業 |
|---|---|---|
| 資金 | ある | ない |
| 人材 | 社内から登用可能 | 外部から採用 |
| ブランド | ある | ない |
| 販路 | 既存の販路がある | ゼロから開拓 |
| 取引先 | 既存の取引先がある | ゼロから開拓 |

合、起業と比較して使えるリソースの幅に大きな違いがある。企業は資金を持っており、新規事業立ち上げに必要となる適切な知識を提供してくれる社員も企業の中に存在するだろう。また、ブランドや販路など既存事業で保有しているものを有効活用できる可能性も高い。使えるものは徹底的に使うべきである。経営資源は本来有限であり、調達にもコストがある中、企業での新規事業創出は恵まれているのである。

新規事業開発においては既存事業の〝慣性〟に特に気を付ける必要がある。既存事業の慣性と新規事業開発において必要なアプローチを比較すると、大きなかい離がある。既存事業では、顧客とのコンタクトにおいて完成した商品・サービスを持参し、売り込みをかけるのが一般的である。一方、新規事業開発において必要なアプローチでは、顧客とのコンタクトは製品完成前にコンセプト案を持参して、ヒアリングのためにを行うのである。それにより商品・サービスをさらにブ

### 既存事業と新規事業　アプローチの違い

| | 既存事業の“慣性” | 新規事業 |
|---|---|---|
| 顧客コンタクト時に持参するもの | 商品・サービスメニュー | コンセプト案 |
| コンタクトのタイミング | 商品完成後 | モックアップ完成時 |
| コンタクト姿勢 | 営業・売り込み | 打診・ヒアリング |
| アプローチ先 | 行けるところ | 行くべきところ |
| 欲しいもの | 受注 | 生の声・改善案 |

ラッシュアップし、顧客ニーズにあったものに昇華してゆく。ここでは、既成概念や既存事業の〝慣性〟に従うのではなく、ゼロベースの思考が重要である。

## (3) 成長戦略の策定と実行

新たな事業の育成には、3つの大きなテーマがある。戦うべき・成長すべき新市場を見極めること、その市場・セグメントの中で戦い方を明確にすること、やっていることを事業モデルにまで結晶化すること、である。

さらに、その3つのテーマに関する回答は、事業に参画している人がそれぞれの頭の中に留めてイメージとして持つのではなく、事業に携わる人が誰でも共通のものとして見ることができるように、事業計画として策定することが重要である。これまで弊社がさまざまな企業と関わり、大事にしてきた成長戦略の策定時、実行時のそれぞれのエッセンスを6つずつ提示しておく。

**〈成長戦略策定の視点〉**

1　異なる視野・視座・視点で物事を見る。
2　今だけではなく、先を考える。
3　成長市場はどこにあるかを考える。世の中に成長市場は必ず存在する。
4　自社の強みに立脚して事業を構築する。
5　非連続的な成長パターンも検討しておく。
6　異業種の他社との連携を視野に入れる。

**〈戦略実行の視点〉**

1　スタート時点でＰＤＣＡ管理ができる実行計画に落とし込む。
2　ＰＤＣＡと進捗を細かくチェックし、軌道修正案をタイムリーに行う。
3　報告・連絡・相談を担保し、ＰＤＣＡを確実に実行する仕組みを準備する。
4　トップ・上席がコミットメントの姿勢を示し続ける。
5　各人、徹底的にやる・やりきる・同じやるなら早くやる。

6　小さくてもよいので、早期に顧客を開拓する。

現代のような複雑性が増す世の中で、永続して成長できる足腰の強い事業に成長させていくためには、これまでとは違う、独自の視点での事業戦略の検討が必要である。つまり、Look Forward, Reason Back（先を見て、逆算して考える）、どこを自前で行いどこは誰と組むのかというアライアンスを前提とした自己完結型でない事業組み立てを行う、ファクトから事業機会を見つけるための調査を徹底的に行う姿勢が鍵となる。

また、成長戦略は実行されて初めて結果に結びつくので、成長戦略の実行で担保すべき6つの鉄則を併せて記載した。戦略策定も実行も具体的にどうするかについては、立ち上げようとしている事業に大きく依存するので個々の詳細の説明は避けるが、着眼点としてはいずれも共通して重要である。

# chapter 10

# アントレプレナーとイントレプレナー

ビジネスの知識がある人が成功するのか？　ビジネス案がよかった人が成功するのか？　両方ともYESである場合は少ない。ビジネスの知識やビジネス案を常に上回って事業創造に重要なのが、パッションである。

個人的な経験として、のちに成功した創業経営者、起業家、企業内で新規事業を考えている人と話し、初回で「なるほど！」と膝を打つことは極めて稀であった。むしろ、「理解できない」、「そんなに簡単にいくわけがない」、「無茶だ」と脊椎反射することが多かった。もちろんインスピレーションで、「これはいける」と思った事業案もなかったわけではないが、圧倒的に無謀と思われるほうが多かった。

起業であれ、企業内の新規事業であれ、見ようによってはその道の「オタク」ではないかと思われるほどの強い想いとこだわりを持った人が、事業の立ち上げには欠かせない。志やパッションなくしても事業は始められるが、継続させて、進化させて、ビジネスモデルにするまでには何度もピンチ・危機を迎えて紆余曲折するのが常である。そのような中、信念を持ち、やり続ける・やり遂げられる、実行できる強烈なパッションが必要なのである。

事業を大きくできる人には2つのタイプがある。1つ目のタイプは、Vision & Realization（ビジョンと実現）タイプ。もう1つは、Acquisition & Integration（吸収と統合）タイプである。成功するアントレプレナーはVision & Realizationタイプの人が多い。まさに代表的な例としてはイーロン・マスク氏やスティーブ・ジョブズ氏のような経営者である。目の付け所の良し悪しというよりも、夢の大きさ、実現した際の成功イメージが先行している。失敗したらとか、うまくいかなったら、と思い悩むよりも「世の中こうなるはずだ」と考え、自らのこだわりを徹底的に事業案に落とし推進していく。ちなみにAcquisition & Integrationタイプはプロ経営者に多い。

起業にせよ新規事業開発にせよ、事業創造に成功できるキャラクターを整理しておきたい。ゼロから起業する人、新規事業を組織内で立ち上げて成功した人にどのような人間的な共通の特性があるのか、という点で振り返ると、以下のような6つの共通の特徴が思い浮かぶ。皆さんの周りにいる成功者たちと見比べていただければと思う。

（1）謙虚・素直・勤勉
（2）飽くなき上昇志向
（3）朝礼朝改
（4）感謝の姿勢
（5）倹約消費と大胆投資
（6）パッション

### （1）謙虚・素直・勤勉

なぜ事業創造できる人は謙虚、素直でいられるのか？　アントレプレナー・イントレプレナーは、自分がやりたいこと、つくり出したい世界を明確に持っているので、他人も同じように自分がやりたいことを持っているのだろうとアイデアや意見を尊重する姿勢が大きい。また、万能なのではなく、自分の道は詳しいが、自分の道以外のことに関しては、その道のプロに聞こうと傾聴し、謙虚である場合が多い。成功した創業経営者がビジネスとは違う、例えば芸術の世界などに巨額の投資をして、コレクションするのは単なる収集癖ではなく、自分ができないことへの憧れである場合が多い。スポーツ選手のスポンサーになるのも、自らを重ね、頑張っている人へのピュアな応援である場合が多い。興味がない分野のことは目にも入っていない場合が多いが、知らないことで知ろうと思ったことに関しては、徹底的に勉強し、短期間である分野の知識やスキルを上げていく。我以外皆師として、学ぶ際も独学でなく、知人を顧問や指南役として付けたり、コーチや指導役になってもらう。釣り熱が高じて、キンキ釣りにはまり、釣りと言えばキンキだけ何年も行い、冷蔵庫の中がキンキだらけであったり、大間の漁師に頼み込み、1週間同船させてもらってマグロ釣りを経験したり、好きなワインに出会うと、そのワインしか飲まず、セラーはそのワインだけで占められているといったビッグビジネスの創業者に出会ったこともある。それは特殊な例として片づけられない。

また、基本的な性格が素直なキャラクターであることが多く、コンサルタントである私が使っている言葉で、腹に落ちると自らがその言葉を使い始め、最後は彼らに言葉が乗り移っていく、そのような経験を多くしてきた。自然体で素直に人と付き合い、多くを吸収して、最後は自分の血肉にしていくプロセスに長けている。

社内でのベンチャー制度で採用された方々も、謙虚・勤勉な方が多い。自分ができることよりもできない分野についてよく知っていて、そのサポートの必要性を発信し、求めることがうまい人が多い。会社から特別な立場を与えられたのだから、と使命感のようなものに燃え、会社の看板を背負った自分に謙虚に向き合っている場合がほとんどである。

## （2）飽くなき上昇志向

これまで、東証マザーズなどの新興市場に公開し、短期間で東証一部に上場していく企業経営者を多く目にする機会があった。そのような経営者のほとんどは、新興市場に上場してホッとするのは長くても3か月程度で、次の成長を目指して動き始める。ゴールを東証一部上場に据え、新興市場への株式公開はそのためのステップにすぎないと考えている。せっかく上場して信用力と直接金融での資本調達力を得たからと、自身の株式持分を下げてでも、大規模な資本調達を行い、設備投資やM&Aに資金を投じる創業経営者がいる。大きな事業をつくるので株式持分は最後にはいずれ薄まるから、と創業初期の頃から自分の株式持分にこだわらず、過半を外部の投資家に渡し、成長を加速し周囲の協力を取り付け成長させた創業経営者達もいる。何度か本書でも例に出したインフォマートの村上氏もその代表例であった。成功する人にはバランス感はなく、事業が成長するかどうかということだけに貪欲で、金儲けは後、という考えのほうが強い。

逆に、アントレプレナーが仕事よりもプライベートの充実に方向性を切るときは、大胆にすべてを捨てて引退を決断する。この部分は、サラリーマンで企業内での事業を立ち上げることを使命にしているイントレプレナーには真似できない。ただし、身を賭して組織内に協力要請の説明・説得に奔走する例は多く見る。

## （3）朝礼朝改

奇しくも、日本の世の中を変えた坂本龍馬は昔、これから大砲の時代だと唱え、ようやく各主要藩が大砲を備えると、そんな長物は意味がなく、これからは短銃の時代だと、懐に拳銃を入れていたという。

上場したモデルにこだわらず、ビジネスモデルをさらに儲かるモデルにシフトする創業経営者がいる。会社自体の成長のために自分がつくったブランドよりも買った会社のブランドを社名にする例もある。ライブドア、ライザップなどがその例である。投資家に約束して世に問うたビジネスモデルだが、成長のためには迷いなく、変更・進化を大胆に行おうとする。先見の明を持ち、時代に先駆け事業モデルを構築し、顧客獲得の網を張って上場できたのに、世の中が理解して、モデルとして定着する頃にはさらなる成長戦略の実行に着手している経営者・起業家たちがつくった事業・会社は恒常的に成長できる。内装業で上場したにも関わらず、太陽光パネルの敷設からエネルギーマネジメントの会社に変革したウエストホールディングスの吉川氏、リサイクルのマーケットプレイス会社から代替エネルギーの事業に展開して一部上場まで駆け抜けたレノバの木南氏などが例として挙げられる。

朝礼朝改は必ずしもマイナスの意味ではない。柔軟性とスピード経営の担保には必要なことである。一貫性がないと思われることを対外的・社内的に説明が十分にできること、そして、中途半端でなく、徹底的に変革の実行をできることが大事である。

このようなリーダーの元では、社員・メンバーがリーダーの考えを理解できていない場合が多く、リーダー自ら率先して後ろ姿を見せて、前線に立って道を切り開いていかなければならない。その一方で、布教・告知・伝導を周囲にすることを諦め、自分勝手に動くのではなく、人を魅了し、夢を持ち、野望に向かって周りに伝道師的に活動しているリーダーも多い。

### （4）感謝の姿勢

成功している起業家・創業経営者は誰よりも時間を使い、事業の将来を考え、事業計画を構築し、後ろ姿を見せて実行している一方、社員愛が強く、社員の幸せは何かを真剣に考えている。創業を経験した経営者には「創業は易く、守成は難し」のごとく、事業をつくることと、守成の違いを理解していて、事業成長のために社員を巻き込もうという姿勢・工夫がある。「ありがとう」を頻繁に言い、褒めることがうまくなっていく。やる気の引き出し方のツボを知っている。社外の取引先のケアも含め、よく気がつき、感謝の姿勢を実行に移している。私も身近な例で、「営業利益が10億円超えるまでは安く仕事をしてもらってきたと思うが、10億円を超えた今、新規事業立ち上げの検討をしたい。ついては一流の支援をしてほしいので、これまでの値引き分も含めて請求してくれてよいので、契約案を提案してくれ」とその後一部上場までした創業経営者に熱く言われたことがある。健康食宅配のファンデリーを創業し、東証マザーズに上場した阿部公祐氏も同様のタイプだ。創業3年目に一回だけ人の紹介で会い、その際に資金調達のアドバイスを求められたので、その場でベンチャーキャピタルを紹介した。それから10年近い月日が流れたある日、こちらは完全に忘れていたが、「会社が上場することになったので社外の役員を引き受けてほしい」と突然連絡があった。辛かったときに助けてくれた人に感謝する、という想いがある創業経営者の一人である。そのファンデリーは、社員の80％以上が若い管理栄養士で構成されている。阿部氏は、家庭も大事にしてほしい、結婚して良い夫婦になってほしいと、結婚時に１１２・2万円（いいふうふ）を社員に支給する福利厚生制度を導入した。社員への感謝も忘れていない。

他方、新規事業開発で成功を収めたイントレプレナーは、周りの協力を取り付けるのがうまい。社内での新規事業開発でも、予算や権限がふんだんにある場合はほぼない。周囲の協力を取り付けるには、粘り強い伝導・説得と、感謝の言葉・姿勢の提示が不可欠である。少しの市場情報の提供でも、潜在顧客一件のアポ取得でも喜び、感謝してくれる。企業の中でリソースに満ち足りた環境にいたのとは違う局面に立たされると、本当にありがたく感じているのだ。逆に言うと、感謝を伝え、周りからの協力をどれだけ早期に得て結果を出すか、というサイクルを早く回せることは新規事業立ち上げ時のプロセスでは大変重要なことである。

ホンダでビジネスジェットの事業・開発責任者を務めた藤野氏がTV番組で語っていたコメントが、新規事業立ち上げを大手企業で成功させる人として象徴的であった。「夜遅く、日が暮れて外からオフィスのホンダというネオンを見ると、自動車・二輪車の事業で頑張っている人たちの顔を思い出すんですよ。彼らのおかげでここまでやってこれているんだ。頑張らないと」。

## （5）倹約消費と大胆投資

事業を立ち上げて成果を出してきているアントレプレナーは総じて、倹約家である。事業立ち上げ時はもちろんのこと、成功してからも倹約家である場合が多い。言葉を選ばずに言うと、吝嗇《りんしょく》のように見えることがあるが、お金の使い方がとても賢い。使わない、というわけではない。消費と、投資とでケタの違う額を使い分ける。消費は円単位でこだわっても、投資は億単位に及ぶことがある。投資に関しては大きく張るのだ。

この違いの大きな理由としては、ビジネスがリスク・リターンの関係であることを知っているからである。勝負時には大きく張り、平常時にはコツコツお金を積み上げる。同時に、前述の朝礼朝改と似て非なるものであるが、一度決めて定着した事業プロセスであっても、効率性、インパクトの大きさを探求することに余念がない。「金は稼ぐよりも使い方が大事だ」ということを実践している。

他方、企業内の新規事業開発では、基本的に資金調達に関しては、大きな困難・負担はない。ある一定の金額は考えなくても集めることができる。むしろ、投資を受ける金額・リソースを最大限に確保したいというメンタリティがある。会社として、投資されているのだと思いがちであるが、現実はある一定の規模になるまでの研究開発費・調査費などの費用（コストセンター）であるとの意識は大きい。本当に事業として立ち上げるには、大規模投資が必要である。新規事業が外部から資金調達するとどれくらい調達できるのかを算出し、その調達額と同額かそれ以上を社内で捻出する仕組みをつくり経済合理性を高めると、企業内の新規事業はもっと立ち上がるかもしれない。新規事業の中には、初期のスピード感に欠け、後半になって資金をつぎ込むも、試作の完成時や検証が必要なときには資金不足に陥ってしまうケースもある。費用と投資のバランスとお金の使い方・タイミングなどが、特に大企業内のイントレプレナーの悩みといえる。

### (6) パッション

最後に、起業家および新規事業を推進する人は、熱い想い＝パッションを持っていることが挙げられる。事業を立ち上げ、成長させていく過程では、例えば以下のような予想もしない数多くの艱難辛苦に直面する。

・思うように事業展開が進まず、資金が底をつき倒産寸前まで追い込まれた

・信頼していた部下に、チームごと別会社にスタッフを引き抜かれた
・取引先に事業のアイデアを盗まれ大打撃を受ける
・受注していた案件が理由もわからずキャンセルになる
・業界内のガリバー企業に競争を仕掛けて強力な対抗策を打たれる
・新しいことを行おうとしても監督官庁から承認が下りない
・製品を上市したところ、知的所有権の侵害で販売差し止め請求をされた
・開発に成功し量産しようとしたら歩留まりがあがらず製品がリリースできない
・製造委託先の品質が悪く、製品をリコールせざるを得ない
・需要予測を見誤り、製品販売を停止せざるを得なくなった

など、大なり小なり苦難に直面せず事業創造に成功することはないだろう。

実際、例えばヤマト運輸で宅急便のサービスを新たに展開しようとしたときに、社長の小倉昌男氏は所管官庁からなかなか認可を受けられずに大変苦労したと言われている。第二電電（ＤＤＩ、のちのＫＤＤＩ）を創業した千本倖生氏はＮＴＴという巨大な企業に対抗する企業を設立したが、「毎日起きたら地獄の朝。家に帰ったのは1年のうち3分の1くらい」と当時を回顧している。[1)]

新しい事業を立ち上げ大きく育てるために戦略が必要であることは疑う余地はないだろう。しかし戦略という「理」の部分だけではなく、「情」という熱い想い＝パッションも必要である。事業

創造にパッションが必要になるのは、パッションが次の3つの機能を果たすからだと考えられる。

まずパッションは直面するであろう艱難辛苦を乗り越えて前に進むための駆動力である。尋常ではないレベルで事業に取り組まないと、新しいことへの取り組みは成功しない。その尋常ではないレベルで取り組む力を与えてくれるのがパッションである。

また、パッションは他人を通じて大事をなすために必要不可欠である。自分一人でできることの範囲は限られている。したがって大事をなすには他人を通じて行わざるを得ない。人はパッションに共感して集まる。パッションがなければ大きなムーブメントを実現することは難しいだろう。

そして、パッションはミッションである、ということである。自分のエゴや単に儲かるということだけのために起業したり、新規事業を行ったりするのではない。社員のため、人のため、社会のために本当に正しいことを行うのだという純粋で社会的な使命を帯びたパッションが自分の中にあることが、新しいことをゼロから始め、それを成功に導く原動力になるのである。

【注】

1） 2017年11月の立命館大学大学院経営管理研究科における千本倖生氏の講演による

# あとがき：謝辞

本書は、株式会社日本M&Aセンターが2016年、2017年に立命館大学大学院経営管理研究科に寄付講座として開設した「事業創造」のコースでの講義内容を原型にしている。

「長年コンサルタントをやっているのなら本を書きなさい」と、母校に寄付講座を開設し、私を教壇に立たせ、コンサルティングワークを通じやってきたことをまとめる場と時間を与えていただいた日本M&Aセンター創立者の分林保弘会長、三宅卓社長なくしては本書は存在しなかった。中小・中堅企業の「事業承継」という日本の課題を、M&A仲介という形で支援する業界を創出したお二人に、「事業創造」というテーマをいただいた。

「私も日本M&Aセンターの顧問だから」と「事業創造」を何度もご自身が行い、またサポーターとして立ち会った、日本を代表する起業家の一人である千本倖生さんにもご自身の経験をクラスで語っていただき、起業のパッションを伝えていただいた。

背中を押されるがまま、立命館大学大学院経営管理研究科でMBAの教壇に2年間立つことになった私を、しっかりと受け止め、鼓舞し、サポートしてくれた経営管理研究科教授の奥村陽一先生にもこの場を借りて感謝したい。

起業と新規事業。いずれも事業創造であり、出自と初期から立ち上がり段階における経営課題は異なるが、発展過程でビジネスモデルを完成させ、事業の規模を拡大していく点は同じである。事業創造という切り口で、「ゼロからの起業」と「新規事業開発」の両方を一冊でまとめて体系化したところに本書の新しさがあると思っている。

また今回、大胆ではあるが、これまでのコンサルティング・事業支援の経験に基づき、日本の企業を売上サイズごとに分類し、そのセグメントにいる企業の特徴、経営タイプと直面する経営課題を分類し、整理する試みも行った（第9章）。アントレプレナー・イントレプレナーという事業創造をする人に注目をあてた第10章とともに独自の視点だと思っている。ブラッシュアップに協力してくれた立命館大学大学院経営管理研究科の学生たちにも感謝したい。

2001年に私が創業した株式会社ピー・アンド・イー・ディレクションズは、「事業性評価」、「事業育成」、「事業創造」の支援に日々取り組んでいる。特に、企業の成長フェーズを変えるための「育成支援」をしている。

企業が永続的に存在し、成長していくためには、既存事業の事業モデルを「自己革新」することと、新規事業を立ち上げる「事業創造」の2つしかない。また、経営者にはその2つを同時に行う「両利きの経営」が求められている。「起業」には大企業の事業創出の考え方、立ち上がってからのマネジメント手法が参考になる。「新規事業開発」には「起業時」の精神、実行力が必要である。その両方の手法を知っていることは大きな意味がある。

日常の業務でクライアント企業の「事業」に向き合いつつも、本書の作成に貢献してくれた株式会社ピー・アンド・イー・ディレクションズの個々の名前を記したいところであるが、代表して本書の設計から執筆、監修までやってくれた社長室長の藤原泰輔、池本敦子には特に世話になった。

最後に、ピー・アンド・イー・ディレクションズも起業された会社であり、起業家の末席にいる私をここまでサポートしてくれた、私を取り巻く家族、元社員、取引先、ビジネスパートナーなど数多くの人たちを思い出しつつ感謝し、本書の結びとする。

二〇一八年八月

株式会社ピー・アンド・イー・ディレクションズ

代表取締役　島田直樹

**島田直樹**（しまだ・なおき）

アップル、ボストン・コンサルティング・グループなどを経て、株式会社ピー・アンド・イー・ディレクションズを創業。

国内外の巨大企業から未上場企業・オーナー企業に至るまで、ハイテク、素材、製薬、食品、流通、エンターテイメント、ファイナンス、物流などさまざまな業界において20年を超える成長戦略の立案および実行支援を行う。

一橋大学商学部卒業。マサチューセッツ工科大学（MIT）スローン経営大学院（Sloan School of Management）修了。

数多くの上場企業の社外取締役を歴任。東京医科歯科大学大学院、立命館大学大学院、東京理科大学大学院などで客員教授や非常勤講師を歴任。主な著書に『医療サービスの多様化と実践』（日本医療企画）、『経営戦略　理論と実践』（丸善プラネット）などがある。

**事業創造**　理論と実践

2018年8月20日　第1版第1刷発行

著　　者　島田 直樹
発 行 者　玉越 直人
発 行 所　WAVE出版
〒102-0074 東京都千代田区九段南3-9-12
TEL 03-3261-3713　FAX 03-3261-3823
Email: info@wave-publishers.co.jp
http://www.wave-publishers.co.jp

印刷・製本　萩原印刷株式会社


NDC335　p231　ISBN 978-4-86621-163-3